本书受浙江省人文社科基地“管理科学与工程”　、浙江省哲社重点研究基地“产业发展政策研究中心”、浙江省标准化与知识产权管理协同创新中心、教育部社科重大项目“社会养老服务体系建设研究（12JZD035）”的共同资助

我国农村社会养老保险制度反思与重构

王晓琴 著

中国社会科学出版社

图书在版编目（CIP）数据

我国农村社会养老保险制度反思与重构 / 王晓琴著. —北京：中国社会科学出版社，2015. 11

ISBN 978-7-5161-7398-5

Ⅰ. ①我… Ⅱ. ①王… Ⅲ. ①农村—社会养老保险—养老保险制度—研究—中国 Ⅳ. ①F842. 67

中国版本图书馆 CIP 数据核字（2015）第 309282 号

出 版 人 赵剑英
责任编辑 戴玉龙
责任校对 周晓东
责任印制 戴 宽

出 版 中国社会科学出版社
社 址 北京鼓楼西大街甲 158 号
邮 编 100720
网 址 http：//www. csspw. cn
发 行 部 010-84083685
门 市 部 010-84029450
经 销 新华书店及其他书店

印 刷 北京金瀑印刷有限责任公司
装 订 廊坊市广阳区广增装订厂
版 次 2015 年 11 月第 1 版
印 次 2015 年 11 月第 1 次印刷

开 本 710×1000 1/16
印 张 12. 75
插 页 2
字 数 183 千字
定 价 48. 00 元

凡购买中国社会科学出版社图书，如有质量问题请与本社营销中心联系调换
电话：010-84083683

目　录

前言

我国目前的社会养老保险制度面向农村开展的有新型农村社会养老保险制度、被征地农民社会养老保险制度、计生户农民社会养老保险制度；面向城市开展的有城镇企业职工基本养老保险制度（简称“城保”）、机关事业单位养老保险制度以及城市其他人员养老保障制度等；针对农民工开展的有以“双低”标准进行的农民工基本养老保险制度。尽管这些制度在实践中已取得了一定的成绩，对我国居民的养老保障起到了积极的作用，但其设计与实施均存在不同程度的问题。总体上看来，现阶段我国社会养老保险制度具有以下特征：第一，从制度设计方面看，目前我国社会养老保险制度城乡体制差异大，仍是典型的二元结构；第二，从资金筹集和养老金水平方面看，各种制度之间社会化程度和保障水平差异大；第三，从参保对象流动与转保方面看，由于各种制度模式差异大，待遇标准和计发办法不同，保险关系转移存在严重的制度壁垒；第四，从制度实施方面看，农村社会养老保险制度的稳定性和保险关系的持续性差；第五，从养老保险基金运营管理方面看，无论是筹集、支付阶段还是投资阶段依然存在着一些问题，如基于政策设计上的缺陷所产生的统筹层次混乱、征收机构杂乱、基金保值增值问题突出、基金支付风险上升等；第六，从制度覆盖面看，纯农民依然是社会保险的盲区。

另外，我国农村社会养老保险制度不仅存在着较大的地区差异，而且在账户模式、筹资方式、缴费标准、统筹层次、待遇享受水平及政府责任程度等方面与城镇社会养老保险制度更是存在着显著的差异。这些差异直接影响和阻碍着我国农村劳动力的流动，限制了我国城乡一体化劳动力市场的形成，同时也不利于我国农村工业化和城市化的发展。因此，消除农村社会养老保险制度以及城乡制度之间的诸多差异，努力促进城乡基本养老保险制度的衔接与转化，实现基本养老保险制度的城乡协调与均衡，是统筹城乡经济社会发展的必然要求。然而城乡基本养老保险制度衔接与转化受诸多体制条件的限制，其制度的性质、模式、内容和形成历史具有很大不同，这些将成为城乡基本养老保险制度衔接与转化的体制内障碍因素。除此之外，其还受诸如户籍制度、土地制度、劳动就业制度、财政体制等外部制度因素的阻碍。

针对上述问题，本研究报告指出，统筹城乡一体化农村社会养老保险建设的总体思路：一是要从优化养老资源、简化操作办法、提高管理效率的角度，对现行农村社会养老保险制度、被征地农民基本养老保障制度和农民工养老保险制度进行规范和完善，形成统一的农村社会养老保险制度框架；二是对城市养老保险制度进行改革，促进事业单位养老保险与企业职工养老保险的融合与统一，形成统一的城市基本养老保险制度框架；三是等待条件和时机成熟后，逐渐实现二者的衔接与转化，最终实现养老保险制度的城乡一体化。

但基于我国农村社会保险制度比城镇保险制度的推行整整晚了60年，在中国现阶段的经济发展水平下，要让二者一步对接是不现实的。因此，本研究报告认为，要建立统筹城乡的农村社会养老保险制度必须做到如下几点：一是加快制度覆盖先行的步伐，鼓励农民积极参保；二是采用非均衡可持续推进模式推进农村社会养老保险制度的建设，包括区域间的非均衡可持续推进模式、参保对象分年龄段和分群体的非均衡推进模式等；三是消除体制障碍，为城乡社会养老保险制度的衔接与转化创造宽松环境，包括消除如劳动就业制度、户籍制度、土地制度、社会福利制度等体制障碍，将现行城镇的社会福利制度向农村延伸，形成城乡一体的社会福利制度体系，使流向城镇的农村劳动力的养老保险关系与城镇衔接，也能同时享受城镇其他的福利待遇；四是加强研究，根据当前各地经济发展水平、地方财政状况、经济发展趋势等综合因素科学测算政府责任和财政负担能力；五是加强网络服务平台建设，提高社会保险管理的科学性和统一性，这不但要求现有的“城保”和“农保”规范、科学，而且要开放业务、统一管理，有条件的地方最好与各地社会保险的开户行建立网络关系，为参保对象建立社会保障卡，实现动态迁转，减少人工程序，节约成本；六是工作要循序渐进，逐步推进城乡基本养老保险制度的一体化；七是要借鉴国际养老保险基金和全国社会保障基金的运营经验，将农村社会养老保险基金交由专业的投资管理人投资运营而非政府机构独家经营管理，在保证基金安全性和流动性的前提下通过购买国债、特种定向债券、企业债券、股票等投资渠道获取较高收益，并通过切实有效的监管机制，对农村社会养老保险基金实施有效监管，保证基金运营的公开透明及科学有效性。

第一章　概　述

第一节　问题的提出

构建城乡和谐的社会保障体系是党中央、国务院高度关注的重大民生问题。如2006年中央一号文件指出："按照城乡统筹发展的要求，逐步加大公共财政对农村社会保障制度建设的投入。探索建立与农村经济发展水平相适应、与其他保障措施相配套的农村社会养老保险制度"；2006年3月，国家"十一五"规划纲要再次强调："探索建立与农村经济发展水平相适应、与其他保障措施相配套的农村养老保险制度"；2006年10月，十六届六中全会明确提出要"适应人口老龄化、城镇化、就业方式多样化，逐步建立社会保险、社会救助、社会福利、慈善事业相衔接的覆盖城乡居民的社会保障体系"、"有条件的地方探索建立多种形式的农村养老保险制度"；党的十七大报告明确指出："建立覆盖城乡居民的社会保障体系"；十七届三中全会提出"按照个人缴费、集体补助、政府补贴相结合的方式建立新型农村社会养老保险制度"；2008年3月，在第十一届全国人民代表大会一次会议上，温家宝总理在政府工作报告中也明确提出"鼓励各地开展农村养老保险试点"；2009年中央一号文件明确提出："抓紧制定指导性意见，建立个人缴费、集体补助、政府补贴的新型农村社会养老保险制度”；《中华人民共和国社会保险法》和国民经济“十二五”规划的通过，为进一步完善覆盖城乡居民的社会保障体系建设指明了方向。因此，加快建立统筹城乡的社会养老保险制度，已经成为深入落实科学发展观、促进经济社会全面协调可持续发展的必然要求。

在实践中，经过60多年的发展，尽管我国城乡社会保障制度建设取得了一定的成就，特别是2006年以来，一些地区率先开始的新农保试点在保障广大农村居民生活中发挥着积极的作用，但是，就城市与农村现行的社会养老保险制度相比来说，农村社会养老保险制度还存在更多的问题，如制度体系不健全（如新农保各地模式不一且尚未实现全国统一）、保障水平低（养老保险和医疗保险水平均比较低）、制度覆盖面小且参保率低（新农保试点覆盖面大约为全国15%的县（市）、农保参保率大约为20%）、区域发展不平衡（新农保存在明显的地区差异性和区域发展不平衡性）、养老金运行风险大等。

从区域发展来看，目前我国东部地区农村社会养老保险建设步伐较快，有很多值得借鉴的经验与教训，如浙江省、上海市、北京市等；中西部地区虽然还很落后，但近年来部分市县开展的农村社会养老保险试点工作也有很多亮点，如陕西省宝鸡市、湖北省武汉市、四川省成都市等。当然，总体来看，目前一些地方正在推进的农村社会养老保险仍然存在不少制度空白，这必将成为制约我国农村社会保障体系整体建设的瓶颈，并影响到我国全面建设小康社会、构建和谐社会和2020年建立覆盖城乡居民的社会保障体系等战略目标的实现。因此，认真总结与评价当前我国一些地方正在推进的农村社会养老保险建设，去伪存真，弃弊扬长，将对我国早日实现“人人老有所养”的目标社会具有重要的理论与现实意义。

第二节 文献综述

2010年第六次全国人口普查数据显示，65岁以上的老龄人口占总人口的8.87%，而农村的老龄化趋势则更加严峻。因此，加快建立统筹城乡的社会养老保险制度，已经成为深入落实科学发展观、促进经济社会全面协调可持续发展的必然要求。

农村社会养老保险是解决农村人口老有所养问题最基本的手段之一。对这个问题的研究主要从20世纪90年代开始，大体经历了三个阶段：一是20世纪90年代初期开始的实践探索阶段，主要是对我国建立农村养老保险可行性的探讨及对西方经验的借鉴与启示；二是20世纪90年代后期的理论探索阶段，主要经历了由争议、共识到对理论模式与制度框架的研究过程；三是21世纪初期的体系建设阶段，较多地讨论制度安排、制度模式的适应性、社会保障基金的筹资与管理、新农保试点的现状与问题等。

一 建立农村社会养老保险的可行性探讨

随着我国农村社会养老保险制度的始建，理论界就对建立我国农村社会养老保险的可行性进行了积极的探讨。杨翠迎、庹国柱（1998）研究指出，当前建立全国范围的农村社会养老保险在经济上是不可行的，只有部分发达省份才具备开展这项工作的条件。刘书鹤（1997—2003）强调要以改革的精神推进农村社会养老保险，认为农村社会保障制度发展滞后是社会主义中国的最大缺憾，其根本原因是政府财政支出方面的决策失误。政府决策的失误会加剧城乡居民收入不平等。梁鸿（1999）分析指出，城乡居民收入不平等和社会地位不平等是中国社会主要问题之一，甚至有可能是一系列不平等问题中最主要的问题。如何解决这一问题？郑功成（1999—2001）主张用公平与发展的理念去建设新的社会保障制度，认为对社会保障制度的选择，只能是政治、经济、社会、文化等多种因素综合影响的结果；同时，他强调责任共担、官民结合、多层次与多元化相结合对于新制度的确立和未来发展至关重要。但也有学者持反对意见，如高和荣（2003）从经济社会学角度分析，认为中国农村养老保障制度的构建忽视了当前中国农民的养老心态、文化背景以及法律习俗等社会学因素。

由上可知，众多学者在建立我国农村社会养老保险的必要性及可行性方面意见基本一致，差异主要存在于具体的方式和程序等。

二　农村养老保险模式的选择

农村养老保险从非正式制度的慈善事业发展到正式制度安排，不同的价值取向与理念事实上起着支配农村养老保险实际活动和制度建设的作用。就价值取向来说，公平与效率之争长期影响着农村养老保险模式的选择。

杨燕绥（1999）认为，中国特色的社会保障体系将是一个多元化的结构，即家庭保障、国家保障、社会保障和商业保险并存的结构。何文炯等（2001）通过对国外实行农民养老保险的经验分析，认为农村社会养老保险应当有进有退，即发达地区应积极推进，欠发达地区应暂缓推行。王国军（2002）运用保险精算理论证明了我国东部地区和中部地区的个别省份已经基本上具备投保条件，因此可以选择部分发达地区试行，在一种渐进的动态整合中逐步实现农村与城镇社会养老保险制度的整合统一。穆光宗（2000）、袁春瑛（2002）等主张在家庭养老、土地保障的基础上立足各地实际，积极发展社会化养老，以期在最综合的框架内解决农民的多样化养老需求。阳义南（2004）提出构建自我养老、家庭养老、社会养老和社区养老“四支柱”相互协调的农村养老保障体系。杨翠迎（2004）也主张发挥家庭养老、社会养老保险、社区养老三种主流保障方式的合力作用来满足我国农村社会养老保障的需要。

在实际运作过程中，农村社会养老保险应采取怎样的筹集模式？郑秉文（2001）、杨东乐（2005）、刘翔（2006）等赞成《县级农村社会养老保险基本方案》中提出的“个人缴纳为主，集体补助为辅，国家予以政策扶持”的资金筹集模式，认为它比较符合中国农村现阶段的实际情况，有利于中国社会经济协调发展，能够在一定程度上避免福利国家养老保障的弊端。高和荣（2003）、赵建国（2004）则认为，在这种筹资模式下，国家和集体所承担的社会责任过小，不仅会造成资金来源不足，降低其保障水平，而且会影响农民参与社会养老保险的积极性，加大农村社会养老保险工作的难度。杨翠迎和米红（2007）基于有限财政责任农保理念，提出了分别适合于农民工、失地农民、纯农户和计生户的四种保障模式，而且以上各种模式之间具有一定的转化与衔接通道。

然而，也有学者认为，商业保险有助于农村养老保险的推行。如罗世瑞（2004）指出，农民的养老问题可以采取让农民参加商业保险的办法来解决，不依赖国家财政支持。

郑功成（2002）等对此持否定意见，认为不能对商业保险寄予过高的期望，更不能指望依靠商业保险来替代政府承担的责任。其他一些学者，如陈经苏（2005）、徐延辉（2006）、卢海元（2006）、袁莉（2008）、刘昌平和谢婷（2009）、杨斌（2009）、许邵辉（2010）等，其观点也都大抵如此。另外，还有一些学者如卢海元（2003）在借鉴欧洲及东南亚国家经验的基础上，提出了“实物换保障”；陈颐（2000）、常进雄（2004）、于淼（2006）等提出“土地换保障”；潘岳（2006）、袁友文（2006）等提出“住房换保障”。

由上可知，众多学者在农村养老保险模式的选择方面既有强调效率优先也有强调公平优先。其实，随着人口老龄化的加剧以及经济社会的全面发展，由国家财政兜底的社会保险将会承担更为重要的养老责任。

三　农村社会养老保险基金的管理

农村社会养老保险基金委托专业基金公司或保险公司管理是一种趋势。刘贵平（1999）认为，由于政府垄断经营农村社会养老保险容易出现官僚作风、效率低下、服务质量差的后果，所以，不应放弃和排斥依托于保险公司的农村社会养老保险；另外，一方面将农村社会养老保险基金集中在省级管理，另一方面委托专业管理机构进行多元化组合投资运营。在农村社会养老保险基金运营模式从国家经营向基金管理公司经营的转变过程中，政府承诺的最终担保所起到的稳定作用是无法替代的。实际上，专家理财也有风险。为此，牟放（2005）认为政府应承担最终担保。目前，以县为中心的农村社会养老保险管理体制中，县级农村社会养老保险经办机构实际上担当了农村社会养老保险基金受托管理人的角色，却不具备资本市场的投资主体资格。对此，赵殿国（2004）认为可行的办法是在中长期内，建立全国农村社会养老保险基金受托管理机构，集中管理农村社会养老保险基金，负责基金的保值增值；在有条件的地方建立省一级农村社会养老保险基金受托管理机构；县级农村社会养老保险经办机构负责基金的归集、支付和基金收益的分配。

由上可知，众多学者在农村社会养老保险基金的管理主体方面虽有诸多不同意见，但比较一致的是都认可省级管理主体，并由政府承担最终担保。

四　农村社会养老保险实证、数量和精算研究

我国人口规模庞大、农村人口占多数、人口年龄结构失衡、城乡区域发展差异显著。结合我国实情如何建立可持续发展的农村社会养老保险制度？周慧文（2005）提出应注重精算技术在农村社会养老保险制度建设中的应用。米红、杨翠迎、项杰雯、王鹏等（2008—2010）在大

量实证研究的基础上，以“有限财政”责任农村社会养老保险制度为背景，应用数理人口学、精算学、经济学等多学科方法，对截至2050年的新型农村社会养老保险制度推进中涉及的制度覆盖率、趸费水平、保障水平和财政投入进行了政策仿真及敏感性研究；研究指出，我国新型农村社会养老保险制度应在有限财政的理念下，采取分区城、分群体的差异性非均衡的动态推进政策。邓大松、薛惠元（2010）运用保险精算的方法，进一步对新型农村社会养老保险的替代率进行了测算，结果表明，在现行制度设计下，新农保替代率水平较低，其主要原因在于新农保个人账户养老金替代率较低，主张新农保基金应在适当的情况下进行投资运营。龙梦洁（2009）以1999—2003年全国分省区面板数据构建固定效应模型，实证分析表明，政府财政责任对提高农民参保率有正效用，主张无论是中央政府还是地方政府都应在政策扶持的基础上实实在在补贴农村的社会养老保险，特别是增加对贫困人口和低收入群体的缴费补助。高芙蓉（2010）则对我国各省区养老保险覆盖面进行了聚类分析，结果显示，目前各地养老保险覆盖面差异很大，造成这种差异的原因在于养老保险制度设计的层次性不统一、制度执行的差异性不一致和保险关系跨区的接续性不连贯。

另外，崔秀荣（2008）、李斌宁（2006）、华黎和郑小明（2010）、夏丽霞和高君（2010）、姜作陪、陈峰燕和马亮（2010）、杨发祥（2010）、余桔云（2011）等，主要以某个群体、某个地区或新型农村养老保险制度的试点等为例开展了实证研究。

由上可知，近年来，众多学者在农村社会养老保险的实证与精算研究方面有所加强，在区域模式的比较研究和实践经验的介绍方面逐渐增多，在新农保试点的难点与经验总结方面也开始取得了一些成果。

五 农村社会养老保险制度的反思

新中国成立以来，我国农村社会养老保险制度发生了巨大的变化。

王延中（2003）将我国农村社会养老保险分为两个阶段，其一是计划经济时期的农村“五保供养”，其二是改革开放以来的农村社会养老保险制度的探索与重建。在这个过程中，郑功成（2003）指出，中国农村社会养老保险体制经历了国家—单位保障制（农村集体保障板块）到国家—社会保障制的变革。在国家—社会保障制建立的初期，中国社会科学院农村社会保障制度研究课题组（2000）研究发现，以1992年1月民政部下发的《县级农村社会养老保险基本方案》为指导，农村社会养老保险以“个人缴纳为主，集体补助为辅，国家予以政策扶持”为筹资原则，但实际情况却是大部分地区农民参加养老保险缺乏集体补贴，且政府并没有投入资金，而是实行完全的个人积累制。刘书鹤（2002）研究表明，绝大多数参保农民的保险金，都基本是或完全是由农民自己交纳的，这背离了社会保障的根本特征，本质上就是商业保险了。刘子兰（2003）进一步指出，由于现行农村养老社会保险制度本身存在缺陷，而且政府主管部门及学术界对建立中国农村社会养老社会保险有许多认识上的误区，所以中国农村社会养老社会保险事业在这一时期基本处于停滞状态。国务院发展研究中心社会保障课题组（2000）的研究印证了我国农村社会养老保险制度在长期的实践中忽视公平正义、关注效率优先的问题。其研究显示，20世纪80年代中期以来，养老保障体制的多次改革中，不仅改革目标没有实现，养老保障体制本身也开始出现了危机，并对其他方面的改革和社会稳定产生了消极的影响。之所以出现这种局面，问题并非出自改革目标，而是因为改革过程及具体政策执行中出现了偏差，其核心问题在于试图回避旧体制遗留的政府责任。

郑秉文（2010）则以更为宽广的视野、积极乐观的态度，梳理与总结评价了我国农村养老保险制度的建设历程。他将新中国成立60年来我国社会保障制度的发展历程分成4个阶段：1978年以前是传统社会保障制度的发展阶段；1978—1992年是对传统社会保障制度的反思和探索新制度阶段；1992—1998 年是新型社会保障制度的选择阶段；1998 年以来是社会保障体系的建立和完善阶段。郑秉文认为，在这 60 年中，我国的社会保障制度从无到有，从低水平到全面覆盖，从单位保障到社会保障，从偏重城市到城乡统筹，从追求温饱到和谐发展，走过了辉煌的发展道路。

由上可知，众多学者对我国农村社会养老保险制度的反思与评价不尽相同，但都体现了不断追求真理的探索精神。

六 农村社会养老保险的改革与未来

社会保障制度由维护稳定、保障民生的工具转变为维护公平正义、实现合理共享的财富分配机制，是一条不可逆转的发展规律。对此，郑功成（2008—2010）研究指出，在各国社会保障制度发展实践中，先进理念的确立优于制度的设计，合理的制度设计优于技术方案的选择，这是建立社会保障体系的一条基本逻辑。他提出构建有中国特色的社会保障制度的目标就是最终将人民引入一个安全、平等、自由、尊严的福利社会。这个目标任务将分解成如下三个阶段：第一阶段（2008—2012），基本任务是构建覆盖城乡居民的基本保障制度，为全面建设社会保障制度奠定坚实的基础；第二阶段（2013—2020），基本任务是实现社会保障制度全面定型、稳定发展；第三阶段（2021—本世纪中叶），基本任务是使社会保障由基本保障型向生活质量型转化，成为合理分配财富的基本制度保障。与此同时，米红、王丽郦（2010）则构建了我国从覆盖到衔接“三步走”的社会保障理论框架，比较系统地回答了我国社会保障体系如何从目前城乡二元的分割体系走向未来和谐社会保障体系的命题：第一步，从现在到 2020 年，建立覆盖城乡的社会保障体系；第二步，从 2021 年到 2035 年，实现以东、中、西部为区域划分的城乡社会保障大区域内的动态衔接；第三步，到 2049 年（新中国成立 100 年），最终实现和谐社会保障体系的稳步建立，并实现从大区域内的衔接到全国范围内的衔接。郑功成、米红关于中国社会保障制度的未来设想与规划气势恢宏，张扬着公平与正义的旗帜，为中国农村社会养老保险制度的建设廓清了思路，指明了方向。

另外，还有一大批学者，如林毓铭（1998）、郭士征（1996）、杨翠迎（1997—2010）、庹国柱（1997）、董克用（2000）、彭希哲和宋韬（2002）、唐钧（2003—2010）、卢海元（2003）、朱明芬（2003）、刘红梅和王克强（2006）、许琳（2005）、王国军（2000）、林义（2006）、李迎生（2005）、何文炯（2001—2010）、熊跃根（2010）等也在这一领域做了许多卓有成效的研究。当然，从研究的深度、广度以及影响力方面来说，其与郑功成和米红相比，各有千秋。

综观上述研究，相关研究成就卓著，但也存在着一些不足和缺陷：①专题研究较多且专题间的关联研究不够，相对缺乏对农村社会养老保险整体性和全局性的把握；②对农村社会养老保险制度建设的薄弱环节、政策偏差和阶段性特征的认识和研究不够深入；③有关统筹城乡农村社会养老保险一体化建设的研究，无论从理论到实证都相当薄弱，尤其是对从总体上把握人口、养老保险金、国家财政负担、基金运营及风险管理等的测算及政策仿真几乎空白；④专门针对典型地区的研究比较少，尤其是就东、中、西部地区相关经验的实证分析与比较研究几乎空白。因此，有关我国农村社会养老保险的理论研究与实践探索依然任重而道远。

第二章　我国农村社会养老保险制度的回顾与评析

第一节　我国农村居民养老政策回顾与评析

自新中国成立以来，我国农村居民的养老政策经历了重大变迁。在典型的计划经济时期，农村居民的养老政策主要是人民公社集体保障制度下的“五保供养”[①] 和家庭自养。改革开放第一个十年，农村居民养老政策演变为“乡统筹、村提留”制度下的“五保供养”和家庭联产承包制度下的“土地自养”；“五保供养”在大多数地区处于断粮状态，而“土地自养”本质上不属于“社会养老”的范畴。改革开放第二个十年，农村居民养老政策在“土地自养”的基础上进行了以“个人缴费为主，集体补助为辅，国家给予政策扶持”为基本原则的全国试点，由于试点的实质是农民的自我积累，加之诸多因素，试点最后被清理整顿；而“乡统筹、村提留”制度下的“五保供养”在多数地区依然处于断粮的状态。改革开放第三个十年及第四个十年伊始，农村居民养老政策在党的十六大报告“有条件的地方探索建立农村社会养老保险制度”的指引下开始了积极的探索，2009 年《国务院关于开展新型农村

① 实践中，“五保供养”政策的主要供养对象是鳏寡孤独老人，所以本书将其作为一项社会养老政策来看待。

社会养老保险试点的指导意见》和2010年《中华人民共和国社会保险法》的正式出台，标志着我国农村居民在国家法律层面上开始享受真正意义上的社会养老保险，而且“五保户”也开始由国家财政供给。

可以说，新中国成立六十年来，“公平、正义、共享”的社会保障理念逐渐深入人心，农村社会养老保险制度建设正在步入法制正轨。

一　农村社会养老的启蒙（1949—1979）

从社会养老的角度来说，这一阶段我国农村居民养老政策的最大亮点是“五保供养”。

中共中央政治局在《1956—1967年全国农业发展纲要（草案）》中明确提出：“农业生产合作社对社内缺乏劳动力、生活无依靠的鳏寡孤独的农户和残废军人，应当在生产上和生活上给予适当的安排，做到保吃、保穿、保烧（燃料）、保教（儿童和少年）、保葬，使这些人的生老死葬都有指靠”。这为我国后来施行的“五保供养”制度奠定了基础。为了落实该草案，1956年第一届全国人大第三次会议通过了《高级农业生产合作社示范章程》，该章程规定，农村集体组织对生活无依靠、无劳动能力、无经济来源的孤寡老人、残疾人和孤儿实行“保吃、保穿、保住、保医、保葬（保教）”的“五保供养”制度。至于如何供养，1958年中共八届六中全会通过的《关于人民公社若干问题的决议》进一步指出要“尝试建立敬老院，集中收养五保对象”。1962年中共八届十中全会通过的《农村人民公社工作条例（修正草案）》对“五保供养”的资金来源及其使用方法、照顾条件作出了全面细致的规定，如规定生产队可以用储备粮和公益金对“五保户”实行供给或给予补助。至此，人民公社时期的“五保供养”制度全面建构起来。

纵观这一时期，虽然农村建立了“五保供养”制度，但“五保供养”的对象仅为生活无依靠、无劳动能力、无经济来源的孤寡老人、残疾人和孤儿；“五保供养”的责任主体是农村基层组织——生产队或合作社，即单个的生产队或合作社全面负责“供养”物资的筹集和分配，而不同的生产队或合作社之间没有统筹或余缺的调剂。而对于其他绝大多数农村居民来说，其生老病死都属于典型的“自我负担”，没有任何社会化意义上的养老政策和实践探索。因此，在这一阶段，相比较国家机关、事业单位人员和城镇职工的养老保险属于典型的“国家—企业（单位）保障制”[①] 而言，农村居民的养老政策是典型的二元经济割裂下的“自我保障”+村民互助式社区养老的“五保供养”。

二　农村社会养老保险的萌芽（1980—1989）

这一阶段，我国农村居民“土地自养”显现魅力，“五保供养”基本上处于萎缩与停顿，社会化养老保险的探索逐渐起步。

1979年开始，我国农村大力推行“家庭联产承包责任制”，广大农村居民开始过上“土地自养”[②] 的好日子，但人民公社“政社合一”下的集体经济组织名存实亡，以集体经济为收入来源的“五保供养”难以为继。因此，实践中出现了“乡统筹、村提留”的“五保供养”模式。这种经费供给模式从1985年起逐渐在全国推广，其工作主要由乡镇人民政府负责安排并实施，由农村集体经济组织负责提供“五保户”所需的经费和物品。但从实际运行情况看，除了少数经济发达地区“五保供养”还能勉强维持之外，其他大多数地区尤其是西部老少边穷地区基本上都停办了“五保供养”。

与此同时，根据党的十一届三中全会通过的《农村人民公社条例》中有“对有条件的基本核算单位，主要是经济比较发达地区可以实行

① 1951年政务院颁布了《中华人民共和国劳动保险条例》，经1953年、1956年两次修订，全面确立了适用于新中国城镇职工的养老、医疗、失业、工伤、生育保险及救助制度；1955年国务院发布了《国家机关工作人员退休处理暂行办法》、《国家机关工作人员退职处理暂行办法》、《关于处理国家机关工作人员退职、退席时工作年限的暂行规定》、《国家机关工作人员病假期间生活待遇试行办法》等法规，国家机关、事业单位职工退休、退职制度由此确立。

② 随着“家庭联产承包责任制”在农村的推行，农村居民的生产积极性得到了极大的提高，大部分农村居民逐渐过上温饱和丰衣足食的日子。

养老金制度”的指示，一些地区开始农村社会养老保险的探索。据统计，1982 年，全国有 11 个省市 3457 个生产队实行养老金制度，规定凡参加集体生产劳动 10 年以上，年满 65 周岁的男社员和年满 60 周岁的女社员，均可享受养老金待遇。约有 42600 名农民领取了养老金，领取金额在 10—20 元不等。养老金由大队、生产队根据经济状况按比例分担，从队办企业利润和公益金中支付。这可能是我国最早的完全意义上的农村社会养老保险了。[①]

为了适应计划生育政策和家庭联产承包责任制的普遍推行，国家“七五”计划提出“建立中国农村社会保障制度雏形”的任务。据此，民政部于 20 世纪 80 年代中期开始要求各地探索建立农村社会保障制度。1987 年，国务院批复了民政部递交的《关于探索建立农村基层社会保障制度的报告》，各地农村尤其是经济发达地区的农村加快了建立农村社会养老保险的步伐。1989 年，民政部选择北京大兴县、山西大云县进行县级农村社会养老试点，试点中确立了一些基本原则，也探索出一些具体做法。

纵观这一时期，相比较我国城镇职工打破“铁饭碗”，经受养老政策从“国家——企业（单位）保障制”向“企业（单位）自保”和“自我保障”[②] 的变化带给他们的阵痛而言，虽然农村“乡统筹、村提留”下的“五保供养”政策难以为继，但“土地自养”却带给农村居民前所未有的幸福。

---

① 参见严俊《中国农村社会保障政策研究》，人民出版社 2009 年版，第 112 页。

② 1984 年中共十二届三中全会通过了《中共中央关于经济体制改革的决定》，1986 年国务院发布了《国营企业实行劳动合同制暂行规定》和《国营企业职工待业保险暂行规定》，这些政策的实施打破了计划经济时代的“铁饭碗”，从根本上动摇了原有的“国家—企业（单位）保障制”，在短期内表现出一种“效率至上，公平次之”的价值取向。同年 11 月，劳动人事部颁发《关于外商投资企业用人自主权和职工工资、保险福利费用的规定》，强调外资企业缴纳中方职工退休养老基金和待业保险基金，这意味着国家在承认经济结构多元化的前提下对劳动者权益的保护，逐步消除了“企业（单位）自保”的烙印。

三 老式农村社会养老保险的探索与整顿（1990—1999）

这一阶段，我国农村社会养老保险政策（俗称“老农保”）在民政部的牵头下进行了积极的探索和尝试。

1991 年 1 月，国务院授权民政部在有条件的地方开展建立农村社会养老保险制度的试点工作。同年 6 月，国务院在《关于城镇企业职工养老保险制度改革的决定》中明确指出农村（含乡镇企业）的养老保险制度改革由民政部负责。1992 年，民政部制定的《县级农村社会养老保险基本方案（试行)》（以下简称《基本方案》）印发全国。为了推动《基本方案》的落实，1993 年，民政部成立农村社会保险司，1994 年组建了农村社会养老保险管理服务中心。随后，全国有 20 多个省级人民政府的民政部门相继成立了农村社会养老保险管理机构。按照《基本方案》，我国农村社会养老保险以“个人缴费为主，集体补助为辅，国家给予政策扶持”为基本原则，采取个人账户基金储备积累的保险模式，参保人满 60 周岁以后，根据其个人账户基金积累额和平均余命确定养老金发放标准。但限于当时的条件，主要靠农民个人缴费，多数地方的村集体经济和政府财政没有投入，农民参保积极性不高，覆盖面窄，保障水平低，制度缺乏生命力。1998 年，我国进行农村社会养老保险试点的大部分地区都出现了农民退保、基金运行难度加大等困难。同年，民政部负责的农村社会养老保险工作移交劳动和社会保障部。1999 年 7 月，国务院决定对农村社会养老保险业务进行清理整顿，停止接受新业务，在有条件的地区，农村社会养老保险向商业保险过渡。[①]

① 1998 年 8 月 3 日，时任国务院副总理温家宝在整顿保险业工作小组办公室上报的《对农村养老保险的不同意见》上批示：“农村目前尚不具备普遍实行社会养老保险的条件，对这个问题应该十分慎重。”同年 8 月 5 日，时任总理朱镕基批示：“农村实行社会养老保险不具备条件，同意家宝同志的意见，要逐步过渡到商业保险。请按此协调后，报总理办公会讨论。”参见叶世清《我国农村社会保障法制建设研究》，法律出版社 2011 年版，第 59 页。

另外，针对全国范围内“五保供养”的艰难状况，1994年国务院出台了《农村五保供养工作条例》（以下简称老《五保条例》）。该条例对五保供养的对象进行了更加明晰的界定，即“无劳动能力、无生活来源、无法定抚养义务人或者虽有法定扶养义务人但扶养义务人无扶养能力的老年人、残疾人和未成年人”，对“保吃、保穿、保住、保医、保葬”的内容也做了更加具体的界定。但就该条例来说，“五保供养”的资金来源依然是软肋，即停留在“乡统筹、村提留”层面。而1999年起开展的农村税费改革试点则取消了“乡统筹、村提留”，“五保供养”资金从理论上讲主要依靠各级政府的预算安排，但各级预算能否安排，既要看各级政府的财力更要看各级政府的意识及其自觉性。因此，全国大多数地区的“五保供养”依然处于断粮状态。

纵观这一时期，相比较我国城镇职工的养老政策从“企业（单位）自保”向全面建立“社会统筹”的养老保险制度转变[①]，农村居民的社会养老保险制度尚处在探索阶段。尽管“老农保”实质上是农民的“自我积累”，最后以清理整顿而宣告基本失败，但它在全国范围内是首次以“农村社会养老保险”的名义进行的有益尝试，具有弥足珍贵的意义。因此，没有“老农保”的探索，就没有“新农保”的今日。

四　新型农村社会养老保险的试点与推进（2000—2009）

这一阶段，真正意义上的农村社会养老保险（俗称“新农保”）从个别地区自我试点到国家层面上的在全国10%县域的推进，我国改革开放30年来经济发展的丰硕成果开始惠及最广大的农村地区。同时，

① 国务院《关于企业职工养老保险制度改革的决定》（1991）、《中华人民共和国劳动法》（1994）等法律法规的出台是在前期改革基础上对企业职工劳动保险制度的进一步调整和规范，基本确立了企业职工养老保险基金的费用来源、统筹层次及基金的监督与管理主体。此后，国务院《关于深化企业职工养老保险制度改革的通知》（1995）、《关于建立统一的企业职工基本养老保险制度的决定》（1997）、《关于实行企业职工基本养老保险省级统筹和行业统筹移交地方管理有关问题的通知》（1998）、《社会保险费征缴条例》（1999）等法律法规的颁布使得城镇职工养老保险制度在“社会统筹”化方面取得了重要进展。

“五保供养”也取得了重大进展。

2002 年 10 月，我国劳动和社会保障部在先后多次调研的基础上向国务院报送《关于整顿规范农村养老保险进展情况的报告》。该报告指出，我国农村社会养老保险工作要坚持在有条件的地区初步实施，虽然我国短期内不具备实行农村社会养老保险的条件，但农村社会养老保险的参保人数和基金积累已经到了一定的规模，上百万的农民已经开始领取养老金①，如果简单叫停或者退保可能会引发农村社会的不稳定。2002 年 11 月，党的十六大报告提出要在“有条件的地方探索建立农村社会养老保险制度”。以十六大报告相关要求为指引，一些地方积极探索建立有财政补贴的新型农村社会养老保险制度。主要做法是：一是建立个人缴费、集体补助、政府补贴相结合的筹资机制，调动农民的参保积极性；二是建立基础养老金与个人账户养老金的制度模式，提高保障水平；三是建立待遇调整机制，解决与相关制度的衔接问题。地方政府补贴方式也有三种：一是参保时补缴费（即补进口）；二是领取时补基础养老金（即补出口）；三是参保和领取时都补（即两头补）。

2006 年《国务院关于推进社会主义新农村建设的若干意见》、《国务院关于解决农民工问题的若干意见》、国家“十一五”规划纲要相继发布，这三个文件都提出要建立与农村经济发展水平相适应的、与其他社会保障措施相衔接的农村社会养老保险制度。2007 年，党的十七大把“探索建立农村养老保险制度”作为加快推进以改善民生为重点的社会建设的重要内容。2008 年，党的十七届三中全会通过的《中共中央关于推进农村改革发展若干重大问题的决定》首次明确提出了“新农保”的概念，“贯彻广覆盖、保基本、多层次、可持续原则，加快健

① 至 1997 年年底，全国已有 30 个省（区）的 2097 个县（市、区）开展农村社会养老保险工作，8288 万名农民参加了养老保险，基金积累近 140 亿元；全国已有 55.79 万名农民领取了养老金，养老金支出 3.15 亿元。上述数据参见安增龙《中国农村社会养老保险制度研究》，西北农林科技大学博士学位论文，2004 年，第 63 页。

全农村社会保障体系。按照个人缴费、集体补助、政府补贴相结合的要求，建立新型农村社会养老保险制度。”2009 年 6 月，国务院第 70 次常务会议审议并通过了《关于开展新型农村社会养老保险试点的指导意见》（以下简称《指导意见》），明确了新农保试点的基本原则、制度模式、筹资方式等重要内容，并决定成立以张德江副总理为组长的国务院新农保试点工作领导小组。同年 7 月，国务院新农保试点工作领导小组审议通过了新农保的适度架构、筹资标准、领取条件、支付水平、各级政府的补贴项目和比例、参保激励政策、经办服务网络、相关制度衔接等政策，将《指导意见》修改后印发全国征求意见。同年 8 月，国务院召开全国新农保试点工作会议，并再次就新农保试点《指导意见》征求各地意见。① 同年 9 月，国务院印发《指导意见》，在全国 10% 左右的县（市、区）开始了第一批试点。这标志着我国新型农村社会养老保险制度在国家层面正式启动试点。据统计，截至 2009 年年底，全国参加农村养老保险人数为 8691 万人，全年共有 1556 万名农民领取了养老金，全年共支付养老金 76 亿元，年末农村养老保险基金累计结存 681 亿元，有 27 个省、自治区的 320 个县（市、区、旗）和 4 个直辖市部分区县列入首批新型农村社会养老保险试点。②

另外，就“五保供养”来说，2006 年国务院对 1994 年的《五保条例》进行了修订，将原规定中“五保供养资金来源从村提留或者乡统筹费中列支”修改为“五保供养资金在地方人民政府财政预算中安排”。这一修订彻底改变了长达 27 年的时间里我国大部分农村地区“五保供养”断粮的困境，使得“五保供养”制度发生质的变化，由原来的“村民互助式社区养老”过渡到“国家养老”。广大农村“五保户”开始正式享受国家经济发展带来的社会福利。据统计，我国在

① 参见胡晓义《我国农村社会保障制度建设》，载人力资源和社会保障大讲堂编审委员会主编《农村社会保障制度》，中国劳动社会保障出版社 2011 年版，第 33—34 页。

② 数据参见 2009 年度人力资源和社会保障事业发展统计公报。

2006年纳入公共财政供养的农村五保对象达到328.5万人，供养水平为每年人均989元，而在北京、上海、广东、江浙一带，农村“五保供养”的标准甚至达到了当地农民人均收入的60%—70%。[①]

纵观这一时期，相比较我国城镇职工社会养老保险制度的全面推开与稳步发展[②]，农村居民社会养老保险制度也获得了长足进展，连“五保户”都吃上了“皇粮”。

五　农村社会养老保险：现实与展望（2010年以来）

2010年《中华人民共和国社会保险法》颁布并于2011年7月1日开始正式实施，这标志着中国社会保险制度建设开始由试点阶段进入制度定型发展阶段。该法第二十条至第二十二条明确规定，国家建立和完善新型农村社会养老保险制度，新型农村社会养老保险实行个人缴费、集体补助和政府补贴相结合；其待遇由基础养老金和个人账户养老金组成，符合国家规定的农民，可以按月领取新型农村社会养老保险金；省、自治区和直辖市人民政府根据实际情况，可以将城镇居民社会养老保险和新型农村社会养老保险合并实施。该法第九十五条至第九十六条规定，进城务工的农村居民依照本法规定参加社会保险，被征地农民也应在其土地被征收后按照国务院规定纳入相应的社会保险制度。

按照郑功成、米红等提出的养老保障三步走战略与推进步骤[③]，第一步是到2012年建立“三险一贴”[④]的多元养老保障制度体系，实现

① 数据引自叶世清《我国农村社会保障法制建设研究》，法律出版社2011年版，第60页。

② 国务院《关于企业职工基本养老保险制度的决定》（2005）、《关于解决农民工问题的若干意见》（2006）、《中华人民共和国劳动合同法实施条例》（2008）、《中华人民共和国劳动法（修正）》（2009）等法律法规的颁布使得城镇职工新型社会养老保险制度全面建立并稳步发展。

③ 参见郑功成《中国养老保险改革与发展展业（核心报告）》、米红《中国覆盖城乡居民的社会养老保险体系研究》，载郑功成主编《中国社会保障改革与发展战略——养老保险卷》，人民出版社2011年版。

④ “三险一贴”即公职人员养老保险制度、职工基本养老保险制度、农民基本养老保险制度和城乡居民老年津贴制度，参见郑功成《中国社会保障改革与发展战略——养老保险卷》，人民出版社2011年版，第20页。

制度层面的全覆盖；第二步是到2020年以缴费型养老保险为主体的养老保障体系全面定型，稳定发展，实现城乡人群全覆盖；第三步是到2049年形成全国统一的国民基本养老保险制度，使得人人享有体面的老年生活。目前来看，我国城乡居民正在向着郑功成、米红等提出的养老保障的宏伟目标迈进。

六　主要结论

综合来看，历经60年的发展演绎，新中国农村居民的养老政策从人民公社村民互助式“五保供养”和家庭自养发展到国家财政“五保供养”和“个人缴费、集体补助和政府补贴相结合”的新型农村社会养老保险，走过了一条明显的“U”形发展道路。而这个“U”形的底部主要表现为：一是农村社会养老保险磕磕绊绊地经历了近30年的萌芽、探索与实践过程，二是大多数地区的“五保供养”在近20年的时间里处于断粮状态。

当然，从新农保实施情况来看，新农保方案的一些缺点与不足开始逐渐暴露，包括制度设计及试点存在临界不公现象、财政补贴个人账户缴费对参保的激励效果不足、“捆绑式”的强制参保有失以人为本的精神、中央财政补贴资金缺乏制度保障、总的养老金替代率偏低以及未来不同制度如何顺利衔接等问题。可以说，广大的农村居民要充分享有体面的老年生活依然有相当长的路要走。

第二节　我国社会保障基金监管体制回顾与评析

社会保障基金监管体制作为社会保障制度建设的核心内容之一，越来越成为当今中国乃至世界各国最为关注的热点问题之一。近年来我国频繁发生的一系列社保基金案件更是引发了我国政府和社会各界对这一问题的密切关注和深入研究。

从国外发达国家社会保障基金的监管情况来看，其在筹集环节和支付环节存在的问题都较少，主要问题集中于投资环节，即保值增值方面。从我国社会保障基金的监管情况来看，则无论是筹集、支付阶段还是投资阶段都存在诸多问题。因此，深入研究60年来我国社会保障基金监管体制的历史变迁，正确认识与评价我国社会保障基金监管体制建设方面存在的得与失，既对新时期我国社会保障基金监管体制建设具有重要的理论与实际意义，也对整体社会保障制度的推进具有积极的促进作用。

一　新中国社会保障基金监管体制的创建（1949—1968）

1949年充当临时宪法的《中国人民政治协商会议共同纲领》为建立新中国的社会保障基金制度提供了最基本的法律依据，该纲领明确规定要"逐步实行劳动保险制度"。[①] 其后，1951年政务院颁布了《中华人民共和国劳动保险条例》并经1953年、1956年两次修订，全面确立了适用于新中国城镇职工的养老、医疗、失业、工伤、生育保险及救助制度，它的实施范围包括城镇机关、事业单位之外的所有企业和职工（甚至不限国籍），这是新中国成立以来最重要的一项社会保障制度。1952年，政务院颁布了《关于全国各级人民政府、党派、团体及所属事业单位的国家工作人员实行公费医疗预防的指示》，实施数十年至今仍有着浓厚影子的公费医疗制度自此建立。1954年，政务院发出《关于劳动保险业务移交工会统一管理的通知》，各级工会组织正式成为城镇职工劳动保险业务的管理机构，其管理劳动保险的职能延续数十年。1955年，国务院发布了《国家机关工作人员退休处理暂行办法》、《国家机关工作人员退职处理暂行办法》、《关于处理国家机关工作人员退

① 转引自郑功成等《中国社会保障制度变迁与评估》，中国人民大学出版社2002年版，第4页。

职、退席时工作年限的暂行规定》、《国家机关工作人员病假期间生活待遇试行办法》等法规，国家机关、事业单位职工退休退职制度由此确立。1956 年，第一届全国人民代表大会第三次会议通过了《高级农业合作社示范章程》，确立了面向乡村孤老残幼的“五保制度”。至此，新中国已经逐步确立了广覆盖、高保障、较为完整的社会保障制度。

与新中国社会保障制度的逐步形成相一致，新中国社会保障基金的监管体制也逐渐成形。当然，这一时期，国家机关、事业单位及党派团体等工作人员的公费医疗及离退休支出等都列入国家财政预算，不存在结余，而农村的“五保制度”等也不存在资金结余问题，只有适用于城镇所有企业和职工的劳动保险制度才形成一定的资金积累，存在基金的监督与管理问题。

根据 1953 年《中华人民共和国劳动保险条例》的规定，用于职工所需的各项劳动保险费用，全部由企业负担：其中一部分是企业直接支付给职工；一部分是以“劳动保险总基金”的形式上交给中华全国总工会——全国统筹；另一部分是以“劳动保险基金”的形式存于各该企业工会基层委员会户内，该部分基金月末余额全部转入省、市工会组织或产业工会全国委员会户内，作为“劳动保险调剂金”进行省、市或产业调剂及全国调剂。劳动保险金的托管，由中华全国总工会委托中国人民银行代理。从劳动保险金的支配来说，劳动保险总基金由中华全国总工会用以开展集体劳动保险事业，劳动保险基金由各企业工会基层委员会用于该企业职工劳动保险，劳动保险调剂金由省、市工会组织或产业工会全国委员会用于所属各工会基层委员会劳动保险基金开支不足时的补助或开展集体劳动保险事业。中华全国总工会有权统筹调用“劳动保险调剂金”。

纵观这一时期，各级劳动行政部门是社会保障基金的行政监督机构，劳动部是劳动保险事业的最高监督机构。各工会基层委员会是劳动保险事业的基层管理单位，负责社会保障基金的筹集、支付与账户管理[①]，中华全国总工会是劳动保险事业的最高领导机构。中国人民银行是社会保障基金的托管银行。另外，以社会保障基金的统筹层次来说，属于"国家级"统筹层次——全国总工会在全国范围内征收、调剂、支配劳动保险金；以社会保障基金的资金来源说，属于"企业全额负担型"，即职工自己不需负担任何费用，免费享受社会保障；以社会保障基金的会计平衡来说，是典型的"现收现付制"。

二　新中国社会保障基金监管体制的迷离与整顿（1969—1985）

1968年年底，以国家撤销负责救灾救济与社会福利的内务部为标志，负责劳动保险的工会组织亦陷入瘫痪状态，劳动部受到削弱。此种情形下，1969年，财政部发布《关于国营企业财务工作中的几项制度的改革意见（草案）》，要求国营企业一律停止提取劳动保险金，原由劳动保险金开支的劳动保险费用改为由企业营业外支出列支，所需费用由企业实报实销。从此之后近30年左右的时间里，作为中国社会保障主体的劳动保险制度失去统筹机能变为企业自我保障，原由中华全国总工会统筹支配的劳动保险基金渐渐消散，城镇企业包办社会的现象迅速蔓延。

1978年中共十一届三中全会后，国家重设民政部，劳动部的工作亦开始恢复正常，与此同时，国务院还先后颁布了《关于安置老弱病残干部的暂行办法》、《关于工人退休退职的暂行办法》等法规，对恢复被"文化大革命"破坏了的退休养老制度起到了重要作用。1982年五届人大五次会议修订通过的《中华人民共和国宪法》又就国家机关与企事业单位职工的社会保险、社会救济与社会福利等作了广泛的原则性规定。1984年中共十二届三中全会通过了《中共中央关于经济体制

① 在这一时期中国的政治、经济、社会大背景下，不存在基金的投资管理问题。

改革的决定》，自此，城镇继农村承包责任制改革后正式步入经济体制改革时期。随后进行的城市经济体制改革，从根本上动摇了原有的“国家—企业单位保障制”，使社会保障的改革进程表现出一种“效率至上，公平次之”的价值取向，社会保障基金则继续处于“断粮”状态。

纵观这一时期，我国社会保障基金的管理体制基本处于倒退与停顿状态，与基金管理相关的监督体系在这一时期亦处于制度转型初期中的“迷离”阶段，社会保障基金的统筹层次经历了从“国家级统筹”到“企业单位自保”再到改革初期短暂的“断粮”状态的变化。

三 新中国社会保障基金监管体制的变革与调整（1986—1997）

1986 年，是中国社会保障制度由“国家—企业单位保障制”迈向“国家—社会保障制”的标志性年份。[①] 同年 4 月，六届人大四次会议通过了《国民经济和社会发展第七个五年计划》，首次提出“社会保障”的概念，并单独设章阐述了社会保障的改革与社会化问题。7 月，国务院发布《国营企业实行劳动合同制暂行规定》和《国营企业职工待业保险暂行规定》，前者不仅明确规定国营企业用劳动合同制取代计划经济时代的“铁饭碗”，而且规定了合同制工人的退休养老实行社会统筹并由企业与个人共同负担缴纳保险费；后者虽然没有成为真正有效的失业保险制度，但希望借此推动劳动力的市场化和人的社会化。因此，这两项规定都具有明显的制度创新与制度重构的象征意义，标志着中国社会保障制度在法规政策上出现了重大变革。同年 11 月，劳动人事部颁发《关于外商投资企业用人自主权和职工工资、保险福利费用的规定》，强调外资企业缴纳中方职工退休养老基金和待业保险基金，这意味着国家在承认经济结构多元化的前提下对劳动者权益的保护，逐

① 参见郑功成等《中国社会保障制度变迁与评估》，中国人民大学出版社 2002 年版，第 8 页。

步消除了“企业（单位）自保”的烙印。

《关于企业职工养老保险制度改革的决定》（1991）、《国有企业职工待业保险规定》（1993）、《中华人民共和国劳动法》（1994）等法律法规的出台则是在前期改革基础上对职工劳动保险制度的进一步调整和规范，基本确立了企业职工养老保险基金的费用来源、统筹层次及基金的监督与管理主体。《关于职工医疗制度改革的试点意见》（1994）的出台则使得城镇职工医疗社会保险开始取代国家—单位保障制下的公费医疗和劳保医疗。此后，国务院《关于深化企业职工养老保险制度改革的通知》（1995）、《关于建立统一的企业职工基本养老保险制度的决定》（1997）、《关于在全国建立城市居民最低生活保障制度的通知》（1997）等法规的颁布使得新型养老保险制度与城市低保制度取得了重要进展。

与此同时，劳动部与中国工商银行《关于做好养老保险基金收缴、支付和管理工作的通知》（1992）、劳动部《关于进一步加强就业经费、待业保险基金管理的通知》（1993）、劳动部《关于发布〈企业职工养老保险基金管理规定〉的通知》（1993）、财政部和劳动部《关于印发〈关于加强企业职工社会保险基金投资管理的暂行规定〉的通知》（1994）、劳动部和审计署《关于发布〈社会保险审计暂行规定〉的通知》、劳动部办公厅《关于印发〈职工养老保险个人账户管理暂行办法〉的通知》等一系列专门针对社会保障基金的部委文件、规章相继出台，至此，我国新型社会保障基金监督与运营体制的框架雏形基本形成。

纵观这一时期，一系列专门针对我国社会保障基金的规章、政策相继出台，是我国社会保障基金监管体制的重大变革与调整期。然而，这一时期有关社会保障基金的法规及政策主要还是围绕国有企业改革而配套推出的。依据有关规定，社会保障基金的管理机构是各级劳动行政部门，劳动部是最高行政监管机构，民政、财政、审计、医疗卫生等部门也是重要的行政与专门监督机构；各级劳动行政机关社会保险经办机构具体负责社会保障基金的筹集、支付与投资管理①；社会保障基金的统筹层次处于从“企业（单位）自保”到“社会统筹”的转型期，基金来源开始强调企业与个人共同负担。

四 新中国社会保障基金监管体制的转轨与逐步完善（1998—2009）

1998 年是我国社会保障基金监管体制转轨进程中极为关键的一年。这一年，中央政府在保留民政部的同时，新组建了劳动和社会保障部，统一了全国劳动保险管理体制。2008 年 3 月，劳动和社会保障部在国务院机构改革中被撤销，它和原中华人民共和国人事部的职权被整合划入新组建的人力资源和社会保障部。从 1998 年开始至 2009 年，国务院先后颁布了《关于实行企业职工基本养老保险省级统筹和行业统筹移交地方管理有关问题的通知》（1998）、《关于建立城镇职工基本医疗保险制度的决定》（1998）、《失业保险条例》（1999）、《社会保险费征缴条例》（1999）、《城市居民最低生活保障条例》（1999）、《减持国有股筹集社会保障资金管理暂行办法》（2001）、《工伤保险条例》（2003）、《劳动保障监察条例》（2004）、《关于企业职工基本养老保险制度的决定》（2005）、《关于解决农民工问题的若干意见》（2006）、《中华人民共和国劳动合同法实施条例》（2008），转发了卫生部等部门《关于建立新型农村合作医疗制度意见的通知》（2003）、劳动保障部等部门《关于辽宁省完善城镇社会保障体系试点情况报告的通知》（2003）等一系列文件。国务院这些法律法规、文件的颁布指导着我国社会保障基金监管体制的全面转型，而“全国社会保障基金理事会”（2001）的成立则标志着国家在社会保障基金投资管理与未来风险控制方面迈出了实质性的一步，其成立以来的成功经验则又为未来其他社会保障基金的投

① 这一时期，各级民政（部分地区）曾短暂承担了社会保障基金的部分管理职能。

资管理提供了重要的经验借鉴。

这一时期，除了国务院颁布的一系列法规文件外，原劳动和社会保障部还发布了《社会保险登记管理暂行办法》（1999）、《社会保险费申报缴纳管理暂行办法》（1999）、《社会保险费征缴监督检查办法》（1999）、《关于建立基本养老保险省级统筹制度有关问题的通知》（1999）、《失业保险金申领发放办法》（2000）、《社会保险金监督举报工作办理办法》（2001）、《社会保险基金行政监督办法》（2001）、《社会保障基金现场监督规则》（2003）、《企业年金基金管理机构资格认定暂行办法》（2004）、《社会保险经办机构内部控制暂行办法》（2007）等部门规章及文件，就社会保障基金的征缴、申领、资格审查以及监督办法等进行了具体的规定；与此同时，财政部发布了《社会保险基金财务制度》（1999）、《社会保险基金会计制度》，确立了社会保障基金的记账规则和会计核算办法；之后，财政部、原劳动和社会保障部联合发布了《全国社会保障基金投资管理暂行办法》（2001），原劳动和社会保障部、中国银监会、中国证监会、中国保监会联合发布了《企业年金基金管理试行办法》（2004），至此，我国社会保障风险储备基金与企业补充养老基金在制度建设上获得了重大进展。

纵观这一时期，我国已经基本形成了较为合理与完善的社会保障基金监管体系框架。在这一框架下，各级人力资源和社会保障行政部门及其社会保险经办机构是社会保障基金的行政管理主体，人力资源和社会保障部是最高监管机构；各级财政、各级地税、各级审计及其他相关机构承担着辅助的监督与运营职能；一些专业的保险公司、基金管理公司开始涉足社会保障基金的投资管理；社会保障基金的缴费来源逐步形成了国家、企业与个人共同分担的局面，社会保障基金的“社会化统筹”功能得到进一步加强。

五　主要结论

综合来看，历经60年的发展演绎，新中国社会保障基金监管体制从低水平协调到短暂倒退，从变革调整到逐步完善，走过了一条“痛并快乐着”的螺旋上升式发展道路。其间，监督机构依次为：各级劳动行政部门→企业（单位）自查→各级财政、审计、民政、医疗卫生等部门→各级劳动行政部门、各级财政、各级审计及其他相关机构；管理机构依次为：工会→企业（单位）自管→各级民政、各级劳动行政部门及其社会保险经办机构→各级人力资源和社会保障行政部门及其社会保险经办机构、专业保险公司和基金管理机构；社会保障基金的缴费来源变更依次为：企业（单位）全额负担→短暂停顿→企业与个人共担（着重强调）→国家、企业与个人共担。

当然，就我国现行的社会保障基金监管体制来说，无论是筹集、支付阶段还是投资阶段依然存在着一些问题，如基于政策设计上的缺陷所产生的统筹层次混乱、征收机构杂乱、基金保值增值问题突出、基金支付风险上升等现象。可以说，新中国社会保障基金监管体制建设既分享着国家相关制度建设成就的喜悦，亦承受着国家相关制度转轨过程中的阵痛。

第三章　典型国家农村社会养老保险经验与启示

第一节　典型国家农村社会养老保险模式与启示

自1889年具有现代社会保障意义的养老保险制度在德国诞生以来，世界各国纷纷开始建立适合本国国情的养老保险制度。100多年后，养老保险已推行到绝大多数国家和地区。无论是发达国家，还是发展中国家，均没停止过对它的修改和完善。本部分对其中有代表性的农村社会养老保险制度概况进行具体分析。

一　瑞典农村社会养老保险模式与启示

瑞典地处北欧，原本是一个落后的农业国家，农业生产是为了满足本国之需。在第二次世界大战以后，瑞典先后对农业采取了一系列支持措施，从而使得农业进一步向科学化发展，劳动生产率、商品率也显著提高。如今，瑞典的农业水平在西方国家已居前列①。

瑞典的基本养老保险由国民基础养老保险和国民附加养老保险构成，保障对象为全体公民。农民作为本国公民，其在享受养老保险的待

---

①　任倩、付彩芳:《国外农村养老保险》，中国社会出版社2006年版。

遇方面与其他公民基本相同。养老保险基金由国家统一进行管理，个人缴费较少，退休老人的生活几乎完全由国家和社会承担。

由于瑞典初期国民基础养老保险的制度并不完善，1960 年，国民附加养老保险建立，以弥补基础养老金之不足。1962 年，瑞典政府修改了《社会保障基本法》，在与收入相关的养老金方面，瑞典与美国、德国、英国不同，采取的是雇员不需缴纳款项的政策。20 世纪 90 年代起，瑞典人开始反思这种慷慨的养老模式，认为这种模式会给国家财政带来沉重负担。1999 年 1 月，新的养老保险制度正式施行。改革后的养老金制度在计算方法上有了较大变动，养老金金额将依据个人一生的总收入来确定。

二 德国农村社会养老保险模式与启示

德国拥有较为完善的社保体系，其农村养老保险主要面向的是独立从业的农场主。农场主是指基于土地经营的农业企业的独立经营者，并且这个农业企业必须达到德国农村养老保险机构所规定的最低规模。

德国农村养老保险体系实行现收现付模式，也就是用投保农场主所缴纳的保险费来维持同时期领取养老金的农场主的老年生活，这种体制也被称为世代协议。但单纯靠缴纳的保费来支付养老金是远远不够的，所以资金大部分还是来源于联邦政府的补贴。随着 21 世纪人口老龄化的来临，加上农业的机械化带来的投保人数减少，使得德国现收现付的养老保险体系不堪重负，收不抵支，资金的短缺问题一直困扰着德国联邦政府。①

联邦德国和民主德国统一后，从事养老保险管理的机构是在公共框架内游离于政府之外的一个或几个公共机构，它们具有经济独立性。这些机构的法律地位已经被确立，这和德国政治体制所要求的行政和立法

① 任倩、付彩芳：《国外农村养老保险》，中国社会出版社 2006 年版。

权力的不可分割性相适应。目前，德国共有13家农村养老保险机构，它们分别设置在不同区域，如今已合并成为农村养老保验机构总联合会，实行自主管理并接受国家监督。

三　美国农村社会养老保险模式与启示

美国不但是科学、技术、医药及军事力量的先进同家，也是世界上重要的农业国家之一，农业人口有500多万。美国的农业基本上以大面积的农场和牧场为主，农民在退休时能拥有一笔丰厚的养老金，与其他行业差不多，不管农场主还是农场雇员，大都有选择地参加一些退休金计划。在美国的社会保障中，农村和城市居民的养老保险已经实现一体化。

美国养老保险制度发展于20世纪30年代。1935年，美国总统罗斯福签署了《社会保障法》，为美国养老保险制度的建立奠定了法律基础。此后，经过上百年的改进与发展，美国逐步形成了国家法定养老保险（又称社会养老保险）、私营退休养老保险（又称企业补充养老保险）和个人储蓄养老保险（又称个人退休储蓄账户）在内的多支柱养老保险体系。

美国养老保险之所以在短期内成功发展，除了宏观的经济环境和劳资关系较为稳定和谐以外，更重要的是源于养老金体系承受的巨大压力。随着人口老龄化趋势的出现，美国较早意识到多支柱养老保险体系的作用，因此，政府主导的强制性社会保障对养老保险领域各项政策措施的实施起到了积极作用。

四　新加坡农村社会养老保险模式与启示

新加坡建国历史不长，但是其商业发展迅速，是世界上城市化程度最快的国家，达到了100%，是一个美丽的花园城市国家。现在，新加坡农业逐步完成了由传统农业向都市农业、生态农业、休闲农业的过渡，由过去的乡村管理发展到现在的社区管理，政府对农场实施多方面的支持。可以说，新加坡的农民从各个方面和城市的居民已经没有什么区别。在新加坡，即使是农场的农民，也是住在城市里面，更没有所谓的城乡分化。

新加坡农民养老保险实行公积金模式，包括在该国全民的中央公积金之中，也是一种个人账户储备积累筹资模式。有所不同的是基金管理和运营方面由政府操纵，垄断经营，其结果是成本低，效率也低。中央公积金是建立在个人完全积累基础之上的一种独特的社会保险制度，即所谓的“退休基金社会主义”。① 如今中央公积金已从单纯的退休养老发展成涵盖养老、住房、医疗、保险、教育等多领域的综合性的社会保障制度。政府规定所有新加坡公民都必须将缴纳的公积金存入个人账户，这当然包括农场的农民。

从资金来源上看，公积金是劳动者为未来消费节省下的血汗钱，而雇主为雇员缴纳的公积金也不过来自雇员工资的一部分。政府对中央公积金的支持，只限于对缴纳款免征个人收入所得税，以及对公积金会员的少量补助。同时，新加坡养老保险金在各缴费方的分配上与欧美有较大差别：欧美国家养老金的缴费责任由高到低依次是：国家、雇主、雇员，而在新加坡雇员与雇主责任基本均等，且这一制度具有较强的收入关联性，受保人只有努力工作，才能在老年时获得较高社会保障。

第二节　典型国家养老保险基金运营经验与启示

纵观世界各国的养老保险发展史，可以说养老保险至今已先后经历了三个历史阶段，即家庭养老保险阶段、国家公共养老保险阶段和社会多元养老保险阶段。在 20 世纪之前的漫长历史时期中，人类社会主要

① 任倩、付彩芳：《国外农村养老保险》，中国社会出版社 2006 年版。

是以家庭养老为主，由家庭承担赡养老人的义务。直至 1889 年，德国颁布了世界上第一部养老保险法案，创建了现收现付的模式，从此，世界各国开始纷纷建立起适合本国国情的养老保险制度，人类社会也从 19 世纪末开始进入了国家公共养老保险阶段，即现代养老保险历史时期。

1935 年，美国颁布《社会保障法》，进一步完善了现收现付制度。1955 年，新加坡创立了中央公积金，开始了积累式养老模式。1980 年，智利对养老金制度进行改革，建立市场化运营的管理模式。20 世纪 80 年代以来，随着世界各国人口老龄化的到来，传统现收现付的养老保险模式受到严峻挑战，但各国从未停止对养老保险的积极探索。当前，以德国和日本为首的一些工业发达国家已经普遍实现了城市和农村养老保险一体化。还有一些发达国家，在全民皆保的基础上，逐渐建立了专门针对农民的养老保险。①

一　养老保险基金筹集模式

在公共养老保险模式的选择上，以美国、德国为代表，当前世界上共有 134 个国家采用现收现付的模式。养老基金由政府进行直接管理，结余基金参与市场投资。这种模式实际上是由在职职工负担已退休人员的养老费用，实行养老金的代际转移支付。萨缪尔森（1958）基于两期迭代模型得出了只要世代延续，现收现付制模式便能够增加全体社会成员福利的结论，并且其回报率等于人口增长的隐性收益率，即自然增长率（biological rate of interest）。② 在现收现付制下，由于养老保险的基金存量接近于零，也就不存在基金的通货膨胀风险和保值增值问题，起到了调节社会成员收入和分担风险的功能。第二次世界大战后，西方发达国家开始全力推行社会保障制度，这在维持社会稳定和发展经济方面

① 任倩、付彩芳：《国外农村养老保险》，中国社会出版社 2006 年版。

② 李升：《新型农村社会养老保险》，博士学位论文，山东农业大学，2011 年。

有着积极意义。但随着人口老龄化的到来，老年人口占总人口比例不断增加，社会福利消费过度，西方一些国家养老保险基金开始出现收不抵支、入不敷出的现象。

世界各国的实践表明，现收现付社会统筹模式的养老保险已不能适应当前社会发展的需要，一方面是由于福利消费水平持续上涨，另一方面是由于人口老龄化加剧，供养压力增大，过高的福利需求与有限的基金来源之间的矛盾越来越突出，于是基金积累制的模式开始兴起。然而，究竟是现收现付好还是基金积累好，西方理论界争论不休。

在现收现付制与基金积累制的争论中，混合制作为一种相对折中的模式应运而生。而我国现行的养老保险筹集制度就是多支柱的混合基金模式。实际上，我国当前社会各界关于延迟退休以及养老保险基金空账运行的争议，其深层背景就是担心未来我国的养老保险基金也会重蹈西方之覆辙。

二　养老保险基金投资管理模式

由于养老保险基金的特殊性，对投资运营过程中的收益性、安全性和流动性的要求也相对较高。但实际上收益性与安全性难以兼顾，这就要求在降低风险的前提下尽可能提高收益率。对此，国外学者广泛采用各类投资模型作为指导，如马克维茨模型、资本资产定价模型、套利定价模型、委托—代理模型。其中采用委托—代理模型是比较集中的观点。随着各类投资工具的组合日趋复杂，绝大多数养老保险基金的管理者限于自身能力和条件，会将基金交给专业的投资机构来打理，从而导致基金的所有权和经营权分离。

就我国“全国社会保障基金”来说，其投资管理模式除了自营外，主要就是委托—代理型。当然，“全国社会保障基金”这些年在投资管理方面的积极探索和实践将会为我国所有层面的社会保障基金在未来的投资管理提供有益的借鉴。

第四章　我国农村社会养老保险建设的理论分析

第一节　我国农村养老保险建设中的农政博弈分析

农业经济时代，政府和农民的关系是一个社会最基本的社会关系。为了便于分析，本研究报告把我国当前政府与农民的关系看做是处于相对封闭的农业社会下的政府和农民关系。鉴于强权政府和弱势农民的基本现状，这里把政府和农民的关系简化理解为抽象雇主与雇员的关系，即劳资关系，又简称农政关系。① 农政关系是否和谐稳定，直接影响到社会的安定团结和国民经济的持续、快速、健康发展，影响到和谐社会的构建。

现阶段，随着我国经济国际化进程的加快和整个社会文明意识的提高，我国政府与农民之间的关系与发达国家一样发生了一些微妙的变化，主要表现在农政双方之间既存在冲突不断、纠纷增加的现象②，也有农政之间的谈判与相互妥协，并且农方的权益保障意识和政方的承担

---

① 关于政府和农民的关系问题，这里仅代表笔者个人看法，可能偏颇。比如政府用（发行）货币购买农民劳动，实质上是一种雇佣关系。另外，从实践层面和现有理论研究来看，可以说，至少80%的各种所有制企业的员工都是真正的农民出身。

② 比如征地冲突，农业税免去之前的税收冲突，农民工罢交社会保险的冲突等。

社会责任的意识都有所提升。然而，相对于我国农政关系的实际发展，我国农政关系的理论研究尚属起步阶段，无论在定性研究、定量分析还是实证研究方面都还存在很多不足。本部分试着用博弈论对农村养老保险建设进行纯理论分析。

一 国内外相关研究述评

由于农政关系本质上可以看作是一种劳资关系①，所以，梳理农政关系的研究脉络，必须从劳资关系入手。关于劳资关系，西方学术界存在两种截然不同的理论：一是利益一致论，认为雇主和雇员的利益是完全一致的；二是利益对立论，认为劳资双方的利益是完全对立、不可调和的。这两种理论构成了国外劳资关系问题的研究起点。根据利益一致论，劳资关系的改善会导致企业绩效的提升（即农政关系的改善会促进国民经济持续健康发展，反之亦然）。持利益对立论的学者则认为，由于劳资双方根本利益的对立性，改善劳资关系的措施不仅难以实施，而且对企业绩效的提升无济于事。双方理论分歧的焦点主要集中在工会功能、员工参与管理、工作场所等劳资关系的重要方面（例如，理论上讲，农村社会养老保险制度及其他各项社会保障制度的建设与完善可以解除农民的后顾之忧，使得农民在“看不见的手”的指引下为全民福祉和国家经济发展做出应有的贡献）。

斯密最早探讨了劳动分工（农民是中国最重要的劳动力资源）对经济效率的贡献。在他看来，不管是劳方还是资方，其角色定位的不同只不过是由于拥有资源禀赋的不同而造成的分工不同而已。斯密认为充分的自由竞争能够促进劳动生产率的提高，促使劳资双方的利益趋于一致，并进而改善全民福祉。新古典经济学则秉承了斯密充分竞争的观点，认为工会或工会运动对经济增长具有负面作用。

---

① 这个说法可能会引发很多争议。

马克思在对资本主义生产方式下的劳资关系的定性研究方面无人能够媲美。他从人的劳动价值的源泉、劳动的二重性、使用价值的生产与价值创造的区别等几方面揭示了剩余价值的源泉。马克思的劳动价值论以及剩余价值理论研究的就是资本主义条件下的劳资关系问题。在马克思看来，资本从头到脚每一个细胞都沾满了劳工的血汗。在马克思所处的历史条件下，马克思认为，资本与劳动具有尖锐的对立性，因为资本的本质就是对附庸于其上的劳动的剥削，表现在社会矛盾方面就是广大劳动者与资本家之间的矛盾。不可否认，在150多年前，马克思对当时阶级矛盾尖锐对立的分析是极其深刻和富含哲理的，但问题在于马克思逝世后，西方社会进入了一个新的发展期。在这一时期，西方社会出现了一些新的情况如“股权分化”、“福利国家”等，这些情况对于马克思而言，是无法完全预见的。

劳动力经济学派是制度经济学在劳资关系研究领域的一个延伸，其主要创始人有维伯伦、康芒斯等。在他们看来，劳资双方的利益是完全对立的，而工会组织在增强工人谈判能力、保障工人权益方面意义重大。在研究劳资关系与工作效率关系问题的过程中，大多数劳动力经济学派研究者仅仅把目光投向诸如工会代表、集体谈判、工资水平等反映劳资关系的“结构性”指标上，而忽略了劳资关系的“质量”指标。喀茨、克淳和格贝勒（1983）等人则从劳资关系的“质量”入手，认为建立高度信任的工作氛围、员工参与可操作性问题的解决有助于就集体合同问题迅速达成协议，并减少不必要的繁琐的工作规程，而传统的对抗性氛围会导致企业劳资双方的摩擦、冲突和不信任情绪在企业内部长期存在，甚至渗透到日常的工作关系和合同谈判中。显然，劳资关系的质量差异带来的很可能是经济效率的差别。

利用博弈论来研究劳资关系问题可以说是近些年来西方学术界在劳资关系研究方面的重大进步。在里昂惕夫构建的“工会和厂商”博弈模型中，其假设工会只关注工资水平和雇工数量，厂商只关注利润，从而构建了一个两人博弈模型。通过求解，求得工会与厂商效用最佳状态下的工资和雇佣人数。拉奇尔和罗森则构建了一个雇主通过让工人参加竞赛而激发他们工作积极性的模型。这是一个有同时选择的动态博弈问题，工人可以选择参加比赛，也可以选择退出企业。通过博弈，雇主设定一个工资水平诱使工人参与竞赛，进而使双方的效用最大化。由斯宾塞提出的劳动力市场模型则假设两个厂商在劳动力市场上的雇佣行为主要受工人教育水平的影响，工人受教育水平与工人的工作效率直接相关，而追逐雇佣受教育水平高的工人的代价使厂商的期望效用趋向于零。

国内学术界关于劳资关系的研究起步较晚，研究内容也比较零散。主要代表人物有郭庆松、杨海波、风笑天、邱益中、姚先国、何文炯、周新军、刘永佶、赵薇、谢海东等。风笑天（1996）运用问卷调查和个案访谈等方法对我国私营企业中的劳资关系问题进行了实证研究，是我国学术界较早对劳资关系问题进行实证研究的学者之一。赵薇、周新军、谢海东等（2005）的重要贡献在于将中西方劳资关系的理论研究进行了归纳和述评，为后人的研究构筑了理论回顾的平台。李向民（2007）主要探讨了经济全球化大背景下跨国企业的劳资关系冲突新表现和应对策略问题，开拓了当前我国学术界对劳资关系问题进行研究的新视野。

中国经济的城乡二元结构使得中国的劳资关系问题更趋复杂化，姚先国（2004）关于劳资关系的城乡户籍差异问题的研究则填补了这一研究领域的空白。姚先国指出，除劳动合同方面外，农民工在工资、养老保险、医疗保险、失业保险以及工会参与等方面均遭到户籍歧视。研究结果暗示仅仅关注工资收入的城乡歧视是不够的，同时也为制度更全面的劳动力市场校正政策提供了经验支持。

综上所述，西方学术界有关劳资关系的研究历史源远流长、研究内容复杂多样、研究成果极其丰硕、研究主体多元化。与西方学术界不同，从我国有关劳资关系的研究来说，研究者大多是一些社会学研究者，研究方法以定性描述为主，有关劳资关系的定量分析的研究鲜见。本部分报告则在全面分析和评价国内外相关理论研究的前提下，在吸纳并修正国际上一些先进的劳资关系博弈模型的基础上，构建了自己的农政博弈模型。

二　农政双方博弈模型的构建

（一）在农政双方的博弈中，我们假设在一个完全竞争的市场中，农政双方法律地位平等、信息对称、完全理性

对农民方来说最重要的是收入、闲暇两不误。因此我们引进农民方的工作效率函数 Y（t）。

首先，我们不考虑农方的谈判攻势①，则影响该函数的因素主要是农政双方的关系状况。为了便于分析，我们将农政双方的关系简化为政府方对农民方的漠视度②，于是引入漠视度函数 X（t）。该问题就转化为求解 Y（t）和 X（t）的相互作用。利用微分，很容易就可以求出两者的关系。

但实践中农民方可能会对政府方发起一遍又一遍的谈判攻势，因此还要考虑到谈判攻势对模型的影响。谈判攻势又与政府方的漠视度有关，可以简化地将两者看成是正比关系。将谈判攻势加入到模型中，就可以找出谈判攻势与工作效率函数 Y（t）和 漠视度 X（t）的关系了。

（二）模型假设

1. t 时刻农民方的工作效率为 Y（t）；

2. t 时刻政府方对农民方的漠视度为 X（t）；

3. 当农民方没有展开谈判攻势时，政府方对农民方的漠视度增长（加上平时发现农民方偷懒、浪费原料等不良行为）符合 Malthus 模型，

① 这里将“谈判攻势”设为一种综合加权指数，主要包括谈判能力、抗议威胁等。

② 这里将“漠视度”设为一种综合加权指数，主要由农民方社会保险与社会福利给付、工作机会提供与收入给付、生活与工作环境改善、闲暇时间保障等构成。

即 $dX/dt=aX(t)$，其中 a 为正常数。

4. 当 Y（t）存在时，单位时间内减少 X（t）的值与 X（t）的值成正比，比例常数为 b，从而 $dX(t)/dt=aX(t)-bX(t)Y(t)$。

5. 当农民方发起谈判攻势时，立即转化为政府方对农民方的重视，并设定转化系数为 α，而随着农民方对政府方的谈判攻势的增强，农民方工作兴趣的自然下降率与工作效率成正比，比例系数为 e。于是有：

$$dY(t)/dt=\alpha bX(t)Y(t)-eY(t)$$

（三）模型构成

由假设 4 和假设 5，就得到了工作效率与漠视度在无外界干扰的情况下互相作用的模型：

$$\{dX(t)/dt=aX-bXY;\ dY(t)/dt=cXY-eY\}，其中\ c=\alpha b \quad (4.1)$$

这是一个非线性自治系统，为了求 X 与 Y 的变化规律，我们对它作定性分析。令 $\{aX-bXY=0;\ cXY-eY=0\}$，解得系统（1）的两个平衡位置为：O（0，0），M（e/c，a/b）。从（1）的两方程中消去 dt，分离变量可求得首次积分：

$$F(X,Y)=cX-d\ln|X|-a\ln|Y|=k \quad (4.2)$$

容易求出函数 F（X，Y）有唯一驻点为 M（e/c，a/b）。再用极值的充分条件判断条件可以判断 M 是 F 的极小值点。同时易见，当 $X\to\infty$（政府方对农民方恨之入骨）或 $Y\to\infty$（农民方是一块只会工作的木头）时均有 $F\to\infty$；而 $X\to 0$（农民方逆来顺受，政府方便会对农民方毫无防备）或 $Y\to 0$（农民方不学无术，丝毫不工作）时也有 $F\to\infty$。

由此不难看出，在第一象限内部连续的函数 $z=F(X,Y)$ 的图形是以 M 为最小值点，且在第一象限向上无限延伸的曲面，因而它与 $z=k$（$k>0$）的交线在相平面 XOY 的投影 $F(X,Y)=k$（$k>0$）是环绕点 M 的闭曲线簇。这说明工作效率和漠视度成周期性变化。

（四）结果解释

从生态意义上看这是容易理解的，当农民方的工作效率 Y（t）下降时，政府方会漠视农民方，漠视度 X（t）上升，即农民方的收入水平、社会保险与福利条件等会下降；农民方是个理性人，为增加收入、改善福利，于是农民方就又开始努力工作，工作效率 Y（t）又上升了。于是政府方就会给农民方增加工资、发放奖金、提高养老和医疗等社会保险待遇或提供免费旅游等福利待遇，漠视度 X（t）又下降了。政府方给农民方提供比较优厚的待遇时间长了，农民方就会认为“福利待遇具有刚性，即易升难降”，从而对工作逐渐懈怠，这样农民方的工作效率 Y（t）就又下降了。同样，若农民方的边际工作效率不断增长，但其边际收益（政府方没有继续改善农民方的收入水平、福利条件等）没有明显增长的情况下，农民方的工作积极性也会受到打击，久之，农民方的工作效率还是会下降。

然而我们可证明，尽管闭轨线不同，但在其周期内的 X 和 Y 的平均数量都分别是一常数，而且恰为平衡点 M 的两个坐标。

事实上，由（1）式的第二个方程可得：$dY/Ydt=cX-e$，两端在一个周期时间 T 内积分，得：

$$\int(dy/Ydt)\ dt=c\oint\ Xdt-dT \qquad (4.3)$$

当 t 经过一个周期 T 时，点（X，Y）绕闭轨线运行一圈又回到初始点，从而：

$$\int(dY/Ydt)\ dt=\oint\ dY/Y=0$$

所以，由（3）式可得：

$(\int Xdt)\ /T=e/c$。

同理，由（1）式的第一个方程可得：$\int\ Ydt)\ /T=a/b$。

（五）模型优化

考虑到谈判攻势对上述模型的影响，设谈判攻势与该时刻的漠视度成正比，比例系数为 h，h 反映了谈判攻势的作用力。在这种情况下，上述工作效率与漠视度的模型应变为：

$\{dX/dT=aX-bXY-hX=\ (a-h)\ X-bXY$；

$dY/dt=cXY-eY-hY=cXY-(e+h)Y\}$ (4.4)

将（4.4）式与（4.1）式比较，可见两者形式完全相同，前者仅是把（4.1）中 X 与 Y 的系数分别换成了 a-h 与 e+h。因此，依据（4.4）式有：

$x'=(\int Xdt)/T=(e+h)/c$

$y'=(\int Ydt)/t=(a-h)/b$ (4.5)

利用（4.5）式我们可见：谈判攻势作用力 h 的增大使 X′增加，Y′减少。

所以，工作期间，对于农民方来说，如果工作非常繁忙，就会使得其谈判攻势减弱，即 h 减小，与相对闲暇的工作阶段相比，工作繁忙将有利于减少农政冲突，提高工作效率 Y。这就是 Volterra 原理。

三 研究结论

从上述分析可以看出，农民方的工作效率、谈判攻势、农政双方之间的关系（漠视度）三者之间存在着极其密切的关系。

（一）不考虑谈判攻势

通过以上建模及比较分析，可以发现，在农政双方博弈过程中，若不考虑农民方的谈判攻势，农民方的工作效率与农政关系之间存在着一个有趣的、简单的“轮回”现象：对农民方来说，低工作效率等于低福利待遇，而努力提高工作效率之后，政府方就会改善其福利待遇，然而农政双方又都会日久生懈怠，从而进入下一个低效率循环。也就是说，解决农政关系问题，没有一个一劳永逸的方案！

（二）考虑谈判攻势

在考虑谈判攻势的情况下，谈判攻势增强在一定程度上会引起政府方对农民方的不满，导致农民方福利水平的降低，进而恶化农政关系；另外，农民方忙于计划“怎样与政府方谈判”而使农民方减少工作时间，失去工作兴趣，降低工作效率；谈判攻势的增强最终还是会损害农政双方的利益。也就是说，对农政双方来说，都不能让矛盾无限蔓延。

从建模可以看出，政府方应努力拓展商品（服务）的销售渠道、增加生产能力，通过减少农民方的闲暇时间（前提是符合国家的有关劳动法规，并且企业产品或服务的销售渠道顺畅）可以降低农民方的谈判攻势，当然，若过度，就会引起农民方的报复，再次陷入农政冲突的泥淖中。

（三）博弈悖论

严格说来，没有社会生产力的萌芽和发展，也就不存在农政关系问题。但是，在传统经营意识、生产方式与政府管理模式下，农政双方之间的关系主要表现为典型的非合作博弈，即农政双方作为“经济人”在“看不见的手”的指引下总是选择对自己最为有利的行为，而很难选择“共谋”，从而形成“纳什均衡”。典型的纳什均衡如“囚徒困境”和“共地悲剧”。从纳什均衡我们引出了“看不见的手”的原理的一个悖论：从利己目的出发，结果损人不利己。我国当前的农政关系在大多数情况下都处于非合作博弈状态，非合作博弈通常会影响到我国社会经济的健康有序发展，从而对我国政局稳定与社会和谐产生不良影响。

从博弈论的传统观点来说，非合作博弈会导致“损人不利己”，合作博弈则会产生双赢。但从本研究报告建模及分析结果看，传统博弈论观点有时也会遇到挑战：如农民方享受高福利待遇久了，照样会产生工作懈怠，使农政双方的“合作博弈”进程受到影响。而国内外农政双方博弈的历史经验告诉我们，这样的博弈悖论很常见。另外，从农民的社会养老保险与社会福利等实践来看，国外发展经验告诉我们，伴随着社会经济发展水平的螺旋式发展态势，其保障水平的发展轨迹也呈现一定的规律性波动。

第二节　我国新型农村社会养老保险基金运作机制分析

社会养老保险基金是在立法范围内依法征缴的用于支付劳动者退休

后养老待遇的专项基金。它负担的是保障社会成员老年生活的重任。其时间跨度长，基金数额巨大，是社保基金中最重要的项目。

农村社会养老保险基金作为农民的保命钱，是国家为解决农民养老问题而筹集的专款专用资金。同其他金融资产相比，农村社会养老保险基金具有社会养老保险基金的一般特征，即带有明显的社会政策目的性，金额巨大，且只能以一定时期劳动者的基本生活需要为基准，不能满足其全部生活需要。

一 我国新型农村社会养老保险基金的筹集机制

我国农村社会养老保险制度大体上经历了三个阶段，即“旧农保”（1991—2002 年）、“地方新农保”（2000—2008 年）和“国家新农保”（2009 年以来）。依据《指导意见》，新农保遵循“个人缴费为主，集体缴费为辅，国家予以政策支持”的筹资机制。这种筹资机制能保证新农保资金来源的充分性，但从实际情况来看，新农保的筹资机制存在一定问题，如集体缴费并没有得到很好的落实。因此，有必要对新农保基金的筹资机制进行深入分析。

（一）筹资结构

1. 个人缴费

参保人员的个人缴费依然是农保基金的主要来源。根据《指导意见》，参保农民的缴费标准设定为每年 100—500 元 5 个档次，缴费档次可由参保人自主选择，多缴多得。地方政府可以根据当地经济状况和农民收入水平增设或减少缴费档次。①

2. 集体补助

《指导意见》规定有条件的村集体应当补助参保人缴费，并鼓励其他组织、个人资助参保人缴费。另外，集体补助全部计入参保农民的个

① 刘钊：《农村社会养老保险基金投资运营问题探讨》，硕士学位论文，暨南大学，2011 年。

人账户。但从实际执行情况来看，由于集体补助缺乏相关制度的硬性规定，无条件的村集体可以不补助，因此集体补助的落实并不到位。

3. 中央财政补贴

中央财政补贴的主要任务是“补出口”。所谓“补出口”即在养老金待遇给付环节给予财政补贴。根据《指导意见》，中央确定的基础养老金最低标准为660元/人·年。中西部地区，中央财政给予全额补贴，东部地区则补助50%，即330元/人/年。

4. 地方财政补助

地方财政补助包括两部分：“补入口”和“补出口”。“补入口”，指的是在养老金缴费环节给予补助，而“补出口”指的是基础养老金和个人账户养老金相结合，由国家财政支付最低标准基础养老金的补助。

（二）筹资机制评价

1. 优越性（1）新农保设计更科学，可持续性更强。与老农保相比，新农保采用的是国家、集体、个人共同出资的模式，强调了政府责任，保证了新农保基金来源的充足，使新农保制度的推行更具可持续性。(2) 新农保设计更有弹性，充分参考农民缴费意愿。新农保采取的是自愿缴费的模式，缴费标准采用弹性制，有100元、200元、300元、400元、500元5个档次，农民可以根据自身经济状况选择不同标准自愿缴纳，考虑了农民的贫富差距。

2. 存在问题：(1) 补贴标准划分不合理。新农保对补贴标准的设计只是粗略按地域划分，没有详细考虑各地区的经济状况。中西部和东部的各个地区发展情况不相同，对中西部发达地区而言，依然采取由中央政府全额补贴或与地方政府分担财政支出的方式①，将会加重中央政府的财政负担；而对东部的少数欠发达地区而言，中央减少财政补贴将

① 李莹：《新型农村社会养老保险基金运营管理研究》，博士学位论文，暨南大学，2012年。

会加大地方政府的财政支出，存在不合理之处。（2）集体补助不到位。一方面，我国除了少部分地区集体经济发展较好，绝大多数地区的农村集体经济实力非常薄弱，基本上无法提供补助。另一方面，《指导意见》只是规定有条件的村集体补助，补助标准由村民委员会民主决定，并未对集体提供缴费补助进行强制性规定，而且未对“有条件的村集体”和“补助标准”做出详细说明。这种软性规定，使新农保的集体补助最终流于形式。（3）新农保宣传不到位。由于传统“养儿防老”思想的影响，以及对新农保模式认识不够深入，部分农民的参保意识仍然不是很强。加上部分农民过于注重眼前利益，不会考虑缴费十几年甚至几十年后再享受养老金的问题。

二　我国新型农村社会养老保险基金的管理机制

新农保基金的有效投资运营，是应对人口老龄化和养老保险基金空缺的关键途径。对于参保农民而言，在老年时得到的保障水平与个人账户的积累息息相关。对于国家财政而言，人口老龄化和农保基金将面临的巨大缺口，都警醒着我们要完善农保基金运营机制。

（一）新型农村社会养老保险基金运营的基本情况

在养老保险基金的运营方面，《指导意见》指出，个人账户储存额参考中国人民银行公布的金融机构人民币一年期存款利率计息，并按有关规定保值增值。对新农保基金的投资范围以存入银行和购买国债为主，不能购买股票和进行其他投资。

通过表4-1的数据来看，在2000—2012年这13年间，三年期银行存款利率有9年高于农村CPI上涨率，五年期银行存款利率有10年高于农村CPI上涨率。反映在银行存款实际利率上则是三年期银行存款利率有3年为负，五年期银行存款利率有2年为负，也就是说这几年内农保基金运营处于亏损状态。在其他年份，银行利率变动较为稳定，银行实际利率多是随农村CPI上涨率上下波动，只能勉强维持保值状态。另外，国债与银行存款存在一定相似性，国债收益也只是略高于银行存款利率。从表 4-1 可以看出，我国五年期国债实际利率在 2004 年和 2008 年为负，且总体收益率较低。这说明新农保基金投资于银行和国债的方式较难实现保值增值。

表 4-1　　农村 CPI 上涨率与存款利率、国债利率对照表

年份	农村 CPI 上涨率（年,%）	银行存款利率：1 年（年,%）	2 年	3 年	5 年	5 年期银行存款实际利率（年,%）	5 年期凭证式国债利率（年,%）	5 年期国债实际利率（年,%）
2000	-0. 1	2. 25	2. 43	2. 70	2. 88	2. 98	暂缺	暂缺
2001	0. 8	2. 25	2. 43	2. 70	2. 88	2. 08	暂缺	暂缺
2002	-0. 4	1. 98	2. 25	2. 52	2. 79	3. 19	暂缺	暂缺
2003	1. 6	1. 98	2. 25	2. 52	2. 79	1. 19	2. 49	0. 89
2004	4. 8	2. 25	2. 70	3. 24	3. 60	-1. 20	3. 81	-0. 99
2005	2. 2	2. 25	2. 70	3. 24	3. 60	1. 40	3. 60	1. 40
2006	1. 5	2. 52	3. 06	3. 69	4. 14	2. 64	3. 81	2. 31
2007	5. 4	4. 14	4. 68	5. 40	5. 85	0. 45	6. 34	0. 94
2008	6. 5	2. 25	2. 79	3. 33	3. 60	-2. 90	5. 53	-0. 97
2009	-0. 3	2. 25	2. 79	3. 33	3. 60	3. 90	4. 00	4. 30
2010	3. 6	2. 75	3. 55	4. 15	4. 55	0. 95	4. 60	1. 00
2011	5. 8	3. 50	4. 40	5. 00	5. 50	-0. 30	6. 15	0. 35
2012	2. 5	3. 50	4. 10	4. 65	5. 10	2. 60	5. 32	2. 82

资料来源：依据 2012 年《中国统计年鉴》、中国人民银行网站资料、中华人民共和国财政部网站资料整理得出。国债利率按末期，银行利率按年末。

第五章　浙江农村社会养老保险建设实证研究

第一节　庆元县养老保险制度概况

浙江省是我国最早全面推行城乡一体化养老保险制度的省份之一。本部分将以丽水市庆元县为基础进行具体研究。作为发达省份的欠发达地区，丽水市庆元县地处浙江西南部，土地面积1898平方公里，是著名的“香菇之乡”，北与本省龙泉、景宁接壤，东、西、南与福建省寿宁、松溪、郑和交界；生态环境优越，2005年被评为“中国生态环境第一县”，森林覆盖率高达82.4%，在全国2000多个县、市、区中排名第一。全县辖20个乡镇（街道），其中3个街道，5个镇，12个乡。

一　庆元县农村养老保险模式转变

浙江省作为我国经济的领跑者，城市化进程较快，农民收入水平较高，统筹城乡和社会经济发展的任务也更为迫切。作为浙江省的欠发达县，在这个大背景下，庆元县亟须建立一个与地方经济和社会承受力相适应的农村养老保险模式，以期为欠发达地区建立健全新型农村社会养老保险制度提供参考。

城市化进程的加快促进了浙江农村人民对农村养老保险需求的增

加。1992 年农村社会养老保险工作在全国范围内推广，同年 4 月，省政府在杭州、宁波、嘉兴三地共 14 个县（市、区）推行农保制度改革试点方案，1993 年 5 月下发了《关于建立农村社会养老保险制度的通知》，并于 1995 年 1 月印发了《浙江省农村社会养老保险暂行办法》，之后农村社会养老保险制度陆续在全省推广。

丽水市旧农保的相关工作始于 1994 年，由松阳县赤寿乡先行试验，1995 年开始在全市范围内铺开。各县、市、区均采取储蓄型积累的保险模式，缴纳模式分为按年缴纳和一次性缴纳两种，参保范围为各县、市、区 60 周岁以下非城镇户口的农村各业人员。由于旧农保制度本身的固有缺陷，以及执行过程中产生的一系列问题，效果很不理想。且旧农保人均待遇仅为 2—20 元/月，难以起到保障农民晚年生活的作用。[①] 为了实现农村养老保险可持续发展，加快与城镇养老保险的对接，省政府于 2009 年召开了全省养老保险工作会议，并要求在 2010 年实施城乡居民社会养老保险制度。对此，庆元县政府高度重视，并开始了紧锣密鼓的筹备工作。

目前浙江农村养老保险新政策已把城镇居民养老保险和新型农村社会养老保险统一为了浙江省城乡居民社会养老保险，新农保和城镇居民养老保险在基本制度上、主要政策上、政府财政补贴上基本一致。区别仅在于城镇居民养老保险不实行新农保的家庭联动参保机制，资金筹集渠道少了一项“集体补助”，以及初始的缴费档次上多了 500—1000 元五个档次。[②] 以庆元县为例，推行城乡居民社会养老保险后，由于相关制度的不成熟，新农保和城镇居民养老保险只是机构上合并，缴费标准和领取养老金并无变化。因此，本研究报告讨论的城乡养老保险本质上

① 参见吴龙《农村养老保险参与模式及多元化参与机制研究》，硕士学位论文，浙江师范大学，2010 年。

② 参见夏鲁青《城镇居民社会养老保险与新农保差异》，http：//www. iqilu. com/html/zdys/news/2011/1111/598721. html。

还是新型农村社会养老保险。

二　庆元县新型农村养老保险水平与全国比较[①]

从2009年开始，我国27个省、自治区320个县（市、区、旗）和4个直辖市的部分地区开始首批新型农村养老保险试点。截至2012年年底，我国大约4.6亿人参保农村居民养老保险，其中1.31亿人领取养老金，平均参保率接近90%。[②] 截至2012年年末，庆元县户籍人口为206369人，其中非农业人口33665人，占全县人口的16%。但是，庆元县的经济状况并不理想，人均GDP在浙江58个县市中排名第55位，属于欠发达地区。

截至2012年年末，庆元县城乡居民养老保险参保率达到95%以上，其中80081人参保新型农村养老保险，占农村人口比例的46.4%。由此可知，庆元县城乡居民参保养老保险的积极性较高，说明政府相关政策措施落实到位。相比新型农村养老保险，城镇居民养老保险发展时间更久，领取待遇更高。由于目前尚处于城乡养老保险的过渡时期，农民既可以参保新型农村养老保险，也可以选择城镇居民养老保险，因此部分有条件的农民更倾向于城镇居民养老保险。

第二节　庆元县新型农村社会养老保险基金运营分析

一　庆元县新型农村社会养老保险基金的筹集情况

调查结果显示，2012年年末丽水市公安户籍人口262.6万人，庆元县仅占到其中的7.86%，是一个人口小县。截至2012年，庆元县全县总人口为20.64万人，农村人口总数17.27万人。从人口分布来看，

① 相关数据根据庆元县统计年鉴、庆元县人事劳动社会保障局相关资料等整理得出。
② 参见经济参考报《中国农村养老保险红利递减或因政策和资金缺失》，2013年5月27日。

庆元县农村人口占总人口的83.67%，这说明了建设好农村养老保险对保障庆元农村农民的生活、推动庆元的发展有着至关重要的影响。农村人口中，18—35周岁47160人，35—60周岁86743人，60周岁以上29655人，其中60岁以上人口占总人口比例达到14.4%，表明庆元县已进入人口老龄化社会。

当前庆元县新农保和城镇居民养老保险依然分开参保，据相关资料，目前庆元县城乡居民养老保险参保率已达95%以上。其中新农保参保人数80081人，占农村人口比例为46.7%（见表5-1）。

表5-1　　2012年庆元县各镇新型农村养老保险参保情况

镇/乡	人口数（人）	农村人口数（人）	年末参保人数（人）	参保人数占农村人口比例（%）
黄田镇	15668	15396	7069	45.9
竹口镇	10955	10427	4428	42.5
荷地镇	13064	12689	6271	49.4
左溪镇	9463	9313	4410	47.4
贤良镇	5140	4990	2545	51.0
岭头乡	10346	10137	4723	46.6
五大堡乡	10384	10307	5082	49.3
淤上乡	9135	9083	4523	49.8
安南乡	8100	8033	3352	41.7
张村乡	6786	6694	3154	47.1
隆宫乡	7864	7806	3362	43.1
举水乡	6223	6150	2852	46.4
江根乡	5893	5840	2867	49.1
合湖乡	4884	4818	2207	45.8
龙溪乡	4427	4375	2033	46.5
百山祖乡	3187	3141	1460	46.5
官塘乡	2899	2876	1247	43.4
松源街道	37449	16549	8186	49.5
濛洲街道	24498	14540	6206	42.7

续表

镇/乡	人口数（人）	农村人口数（人）	年末参保人数（人）	参保人数占农村人口比例（%）
屏都街道	10004	9580	4104	42.8
合计	206369	172744	80081	46.4

资料来源：依据2013年庆元县统计年鉴、庆元县人事劳动社会保障局相关资料整理得出。

二　庆元县新型农村养老保险基金的支付、结余及投资收益

自浙江省统一了城市和农村的养老保险政策后，庆元县城乡居民养老保险的相关数据也是从2010年开始记录的。因此本研究报告在对近几年农村养老保险基金的支付和结余情况简要分析的基础上，重点探讨近四年来庆元县农村养老保险基金支付、结余及投资收益状况。

（一）庆元县旧农保历年基金收支情况

由于庆元县旧农保采取的是手工记账的模式，相关数据不全面，难以做到详尽分析，只能简要概括。从表5-2相关数据来看，2003—2009年庆元县旧农保的运行状况远不如新农保，说明目前新农保虽然存在一些不足，但与以往的制度相比有很大进步。

表5-2　　2003—2009年庆元县农村养老保险基金年末余额　　单位：万元

科目＼年份	2003	2004	2005	2006	2007	2008	2009
现金	0	0.39	0.69	0.27	0.83	0.23	0.01
银行存款	145.85	134.21	110.89	104.52	103.32	103.31	103.29
责任金	145.77	136.66	116.75	110.71	109.54	108.81	108.53
调剂金	18.70	16.57	13.45	12.71	13.24	13.36	13.39

资料来源：根据庆元县人事劳动社会保障局相关资料整理得出。

根据现行农保会计制度的规定，责任金是参保对象的净保费及应付

利息的积累额，是保险金支出的来源，其会计核算公式为：年末责任金=上年责任金+年内保费收入-年内保险金支出+年内应付利息。公式中，保费收入是参保人实际缴纳的保险费，保险金支出是根据参保人个人账户余额确定，年内应付利息则是根据规定的增值年利率确定。

调剂金由高出农保基金应付利息的收入、捐赠和其他收入组成，与农保基金密不可分，主要用于调剂责任金出现的亏损，弥补管理费的不足。其会计核算公式为：年末调剂金=上年调剂金+其他收入-年内应付利息。

表5-3　　2003—2009年庆元县农保责任金试算平衡表　　单位：万元

年份	上年责任金	借方发生额	贷方发生额	年末责任金
2003	—	—	—	145.77
2004	145.77	9.11	—	136.66
2005	136.66	21.23	1.32	116.75
2006	116.75	6.04	—	110.71
2007	110.71	1.17	—	109.54
2008	109.54	0.73	—	108.81
2009	108.81	0.28	—	108.53

资料来源：依据庆元县人事劳动社会保障局相关资料整理得出。

表5-4　　2003—2009年庆元县农保调剂金试算平衡表　　单位：万元

年份	上年调剂金	借方发生额	贷方发生额	年末调剂金
2003	24.04	6.14	0.79	18.70
2004	18.70	2.65	0.52	16.57
2005	16.57	3.92	0.8	13.45
2006	13.45	2.28	1.54	12.71
2007	12.71	0.26	0.8	13.24
2008	13.24	0.22	0.34	13.36
2009	13.36	0.05	0.08	13.39

资料来源：依据庆元县人事劳动社会保障局相关资料整理得出。

通过表5-3和表5-4的数据可知，2003—2009年庆元县农保基金中的责任金和调剂金的数额呈递减的趋势，说明旧农保的运行状况很不理想，长此以往，会出现收不抵支的情况，影响到庆元县农村养老保险的长期运营。

（二）庆元县新型农村养老保险基金投资收益状况

庆元县新农保的缴费标准为每人每年100—500元5个档次，城镇居民养老保险的缴费档次则更高。符合参保条件的农民可以自主选择其中一个缴费档次参保。根据表5-5，从2010年和2011年来看，庆元县城乡养老保险利息收入仅占基金收入的0.13%，从2012年和2013年来看，庆元县城乡养老保险利息收入占基金收入的4.08%。也就是说，庆元县城乡养老保险基金近两年的平均收益率仅为4.08%，而2011年和2012年的农村CPI平均上涨率达到了4.15%，长期下去基金很可能会贬值。随着人口老龄化的加剧，如果不采取必要的保值增值措施，资金很可能出现缺口。

表5-5　　2010—2013年庆元县城乡养老保险基金收入　　单位：万元

年度	本年收入					
	政府补贴收入			个人缴费收入	利息收入	合计
	省级	县级	小计			
2010	1164.00	480.00	1644.00	2804.40	3.56	4451.96
2011	1405.00	1020.00	2425.00	573.43	5.37	3003.80
2012	1826.00	1000.00	2826.00	496.79	127.32	3450.11
2013	2140.00	1173.00	3313.00	530.40	179.68	4023.08

资料来源：依据庆元县人事劳动社会保障局相关资料整理得出。

支付结构上，新农保分为基础养老金和个人账户养老金两部分。基础养老金由国家财政保证统一支付，标准为每人每月60元。年满60周岁的农民，只要未享受离休、退休、退职待遇和职工基本养老保险待遇，不用缴费，就可享受国家发放的每月60元基础养老金。另外，从2011年4月1日起，年满80周岁的高龄老人，在享受城乡居民养老保险待遇的同时，每月增发30元高龄补贴。

表5-6　　2010—2013年庆元县城乡养老保险基金支出表　　单位：万元

年份	本年支出									
	养老金待遇支出							其他支出	转移支出	合计
	个人账户养老金支出	基础养老金支出	缴费年限养老金支出	丧葬补助费支出	高龄补贴支出	退伍军人补贴支出	小计			
2010	99.88	1517.43	31.24	59.09	—	29.88	1737.52	9.61	—	1747.13
2011	71.02	1870.39	93.01	96.09	—	27.05	2157.56	9.21	—	2166.76
2012	89.59	2135.27	203.76	109.54	220.75	6.99	2765.90	—	—	2765.90
2013	121.52	2365.81	240.45	126.74	257.44	11.24	3123.21	—	0.14	3123.35

资料来源：庆元县人事劳动社会保障局相关资料整理得出。

（三）庆元县新型农村养老保险基金支付、结余情况

根据庆元县城乡居民社会养老保险实施细则第三十条规定，居民养老保险基金实行收支两条线和财政专户管理，单独记账、核算，专款专用，任何单位和个人不得挤占、挪用、截留。居民养老保险基金按照国家和省有关社会保险基金管理规定的方式保值增值，其各项增值收益全部计入居民养老保险基金。

从2010—2013年庆元县城乡养老保险基金收支表来看（见表5-7），虽然庆元县人口大多数是农村人口，但由于庆元县人口总数较少，城乡养老保险参保人数只占到丽水市的一小部分，基金积累也较少（如2012年丽水市全市城乡居民社会养老保险参保就达到100.21万人）。从基金的支付、结余情况来看（见图5-1），庆元县城乡养老保险基金收入在2011年有较大幅度的下降，而养老金支出则一直在增加。总的来说，社保基金每年的结余处于稳定上升趋势，但随着老龄人口的

增加，财政补助将面临较大压力。

表 5-7　　2010—2013 年庆元县城乡养老保险基金收支表　　单位：万元

年份	期初结余	本年收入	本年支出	期末结余	其中：个人账户
2010	-	4451.96	1747.13	2704.83	2704.52
2011	2704.83	3003.80	2166.76	3541.87	3210.67
2012	3541.87	3450.11	2765.90	4226.07	3722.38
2013	4226.07	4023.08	3123.35	5125.80	4254.41

资料来源：依据庆元县人事劳动社会保障局相关资料整理得出。

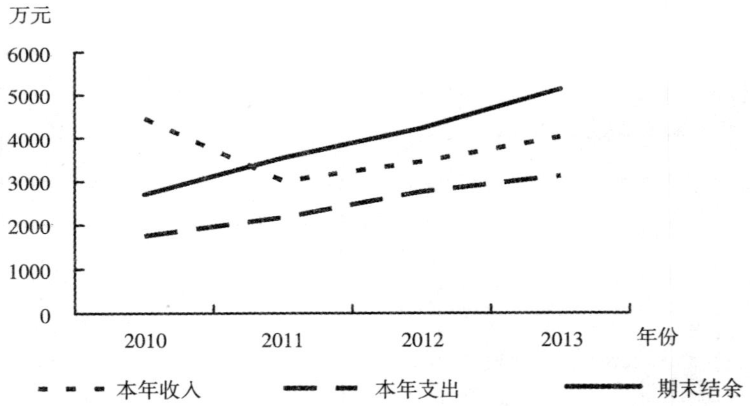

图 5-1　2010—2013 年庆元县城乡养老保险基金收支情况

（四）庆元县新型农村养老保险基金财务指标分析

1. 农村养老保险基金结余情况的指标分析

（1）历年累计结余增长率。历年累计结余增长率 = 本年基金增加值÷上年基金积累额×100%。由图 5-2 可知，2003—2009 年老农保运行时，农保基金累计结余呈现负增长，反映在基金金额上则是每年的基金收益均在下降，说明老农保难以持续。图 5-3 反映的是推行新农保后城乡养老保险基金的累计结余。新农保制度实施后基金累计结余有了很大改变，基金增长趋于稳定，主要源于农民参保积极性的提高以及政府补贴的增加。

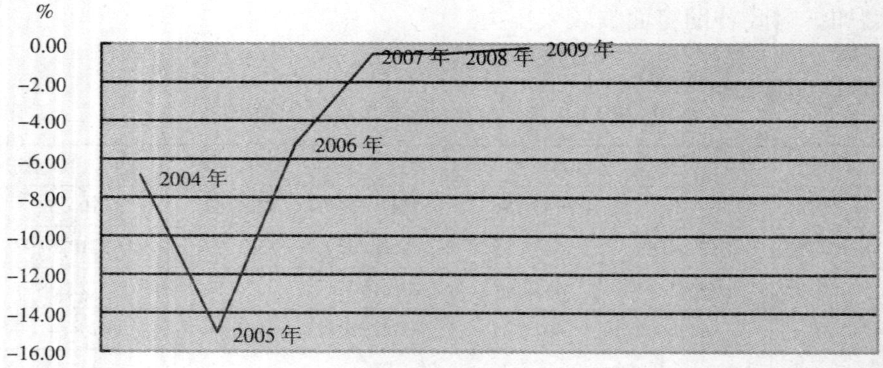

图 5-2　2004—2009 年农保基金累计结余增长率

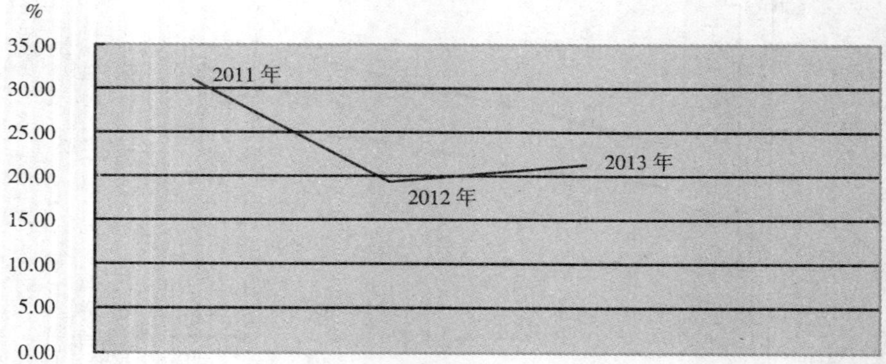

图 5-3　2011—2013 年城乡居民养老保险基金累计结余增长率

（2）历年累计结余可支付月数。历年累计结余可支付月数=历年基金积累额÷基金支出×100%。从 2010—2012 年庆元县城乡居民养老保险基金的支出和结余情况来看，假设养老金只出不进，则可支付年数约为 1.59 年，说明庆元县农保基金虽然能满足目前的给付要求，但基金积累总量薄弱，一旦有突发状况则难以应对。

2. 农村养老保险征缴和发放的指标分析

（1）养老保险基金覆盖率。养老保险基金覆盖率=参保人数÷社会总人口×100%。该指标反映了新农保参保人数占农村总人口的比率。

截至2012年，庆元县新农保的缴纳人数达到80081人，农村人口为172744人，参保人数占到农村人口数的46.36%。造成庆元县新农保参保率偏低的主要原因一方面是新农保养老金难以维持农民正常生活，另一方面是由于庆元县农民也可以选择城镇居民的缴费档次，一部分有条件的农民则选择了参保城镇居民养老保险。

（2）养老保险基金替代率。养老保险基金替代率=享受养老保险待遇人员领取的基金数÷社会人均工资水平×100%。拿新农保最高的缴费档次500元/年来说，假设参保人缴费年限为15年，每月领取的养老保险金为：基础养老金60元+个人账户养老金（缴费金额500+政府补贴30）×参保年限15÷139+缴费年限养老金（5+5×2+5×3）=147.2元。

2012年庆元县农村居民全年人均纯收入水平为8097元，则养老保险基金替代率为21.82%。可见庆元县农村居民每月领取的养老金与其收入还是有差距的，仅凭养老金难以保障农村居民正常生活。

3. 农村养老保险基金运营能力的指标分析

（1）养老保险基金增值率。养老保险基金增值率=本期养老保险基金净增值额÷［期初养老保险基金结余数（含积累金）+周转金］×100%。其中本期养老保险基金净增值额=本期基金的银行存款利息收入+基金的其他收入。该指标用于反映农保基金的增值程度。增值率越高，农保基金增值速度越快，就越有利于农保基金收支平衡。

庆元县2012年的城乡养老保险基金增值率仅为5.21%，由于养老保险基金的投资渠道单一，并不能取得很好的增值效果。

（2）养老保险基金总资产收益率。养老保险基金总资产收益率=（本期养老保险基金净增值额÷平均养老保险基金资产总额）×100%。其中平均养老保险基金资产总额=（期初养老保险基金资产总额+期末养老保险基金资产总额）÷2。该指标表明农保基金总资产的综合利用效果，指标越高，综合效果越佳。

庆元县2012年养老保险基金总资产收益率为4.81%，由此来看，在庆元县目前的养老保险体系下，农村养老保险基金并不能得到有效利用。

第三节 浙江省社会保障水平与全国水平的比较及总体评价

国际上常用“社会保障水平”反映社会成员享受社会保障待遇的高低程度，具体的指标有“人均社会保障支出”、“社会保障支出占GDP的比重”等。本书以“社会保障支出占GDP的比重”代表“社会保障水平”，以GDP代表经济发展水平。国内外相关研究证明，GDP的发展水平与增长速度直接制约和影响着社会保障支出的水平与增长速度。从西方发达国家社会保障水平与经济发展的辩证关系来看，伴随着社会经济发展水平的螺旋式发展态势，社会保障水平的发展轨迹也呈现一定的规律性波动，基本表现为右上倾的倒“U”形[①]。社会保障水平与经济发展水平之间是一个低水平适应—高水平调整—高水平适应的发展过程。

浙江省作为全国经济强省，正确认识其社会保障水平的发展状况及社会保障水平与经济发展水平的适应性，既对浙江省社会保障的稳步发展与制度建设具有重要的理论与实际意义，也对兄弟省市乃至全国社会保障制度的推进具有较好的借鉴意义。

一 浙江省社会保障水平的发展状况

改革开放以来，我国经济实力稳步提升，社会保障力度逐步加强。从表5-8可以看出，1980—2005年，全国GDP增长了39.28倍，全国社会保障支出增长了50.22倍，全国社会保障支出的绝对数量呈现快速增长的态势。但从社会保障水平的发展轨迹来看，26年里全国社会保

① 穆怀中：《社会保障水平曲线研究》，《人口研究》2003年第3期，穆怀中有关社会保障水平的研究在国内非常具有代表性。

障水平一直处在 3.45%—5.33% 区间，社会保障平均水平为 4.29%。这与西方主要国家 1950 年以前的水平大致相当。[①] 说明改革开放 20 多年来全国社会保障水平还是处在一个低水平发展区间，社会保障制度的建设仍然任重而道远。

表 5-8　　1980—2005 年全国社会保障水平

年份	社会保障支出（亿元）	GDP（亿元）	社会保障水平（%）	年份	社会保障支出（亿元）	GDP（亿元）	社会保障水平（%）
1980	156.71	4545.6	3.45	1993	1745.47	35333.9	4.94
1981	176.62	4891.6	3.61	1994	2053.24	48197.9	4.26
1982	201.93	5323.4	3.79	1995	2476.76	60793.7	4.07
1983	236.54	5962.7	3.97	1996	2853.33	71176.6	4.01
1984	282.86	7208.1	3.92	1997	3185.64	78973.0	4.03
1985	358.55	9016.0	3.98	1998	3531.96	84402.3	4.18
1986	449.08	10275.2	4.37	1999	3470.5	89677.1	3.87
1987	539.1	12058.6	4.47	2000	3779.5	99214.6	3.81
1988	697.27	15042.8	4.64	2001	4390.1	109655.2	4.00
1989	817.6	16992.3	4.81	2002	5260.9	120332.7	4.37
1990	992.94	18667.8	5.32	2003	6112.84	135822.8	4.50
1991	1162.02	21781.5	5.33	2004	6902.86	159878.3	4.32
1992	1375.95	26923.5	5.11	2005	8026.43	183084.8	4.38

注：（1）表中数据根据《中国统计年鉴》、《中国劳动年鉴》及中华人民共和国财政部和统计局的官方网站公布的有关数据整理。（2）GDP 按当年数值计算，以 2006 年《中国统计年鉴》为准。（3）社会保障支出口径如下：1998 年以前（含 1998 年）以历年《中国统计年鉴》中的“国家财政用于抚恤和社会福利的支出”（包括抚恤支出、离退休费、社会救济福利费、救灾支出及优抚事业单位经费等）和历年《中国劳动年鉴》中的“全国保险福利费用”之和作为当年“社会保障支出”；1999 年后以历年《中国统计年鉴》中的“国家财政用于抚恤和社会福利的支出”、社会保障补助支出

① 据穆怀中对西方主要发达国家社会保障水平的实证研究发现，1960—1995 年间，西方主要发达国家社会保障水平从大约 10% 上升到 30% 左右。

（包括对社会保险基金的补助、促进就业补助、国有企业下岗职工补助、补充全国社会保障基金等）和历年《中国劳动年鉴》里的"全国离休、退休、退职人员保险福利费用"（包括行政、事业、各类企业单位支付的离休金、退休金、退职生活费、医疗卫生费等）之和作为当年"社会保障支出"。

浙江作为全国经济强省，其社会保障水平与全国社会保障水平相比，尚存在一定的差距。从表5-9可以看出，浙江省GDP在24年的时间里增长了56.42倍，比同期全国GDP增速高出17.14倍；与此同时，浙江省社会保障支出增长了58.36倍，比同期全国社会保障支出增速高出8.14倍。浙江省社会保障支出的绝对规模虽说实现了跨越性的发展，但从社会保障水平的发展轨迹来看，24年里浙江省社会保障水平一直处在2.08%—3.83%区间，社会保障平均水平仅为3.02%，比全国社会保障平均水平低1.27个百分点。尤其值得注意的是，与全国社会保障水平2000年以来平稳增长的态势相比，浙江省社会保障水平却出现低水平倒退迹象（见图5-4）。

表5-9　　1980—2005年浙江省社会保障水平

年份	社会保障支出（亿元）	GDP（亿元）	社会保障水平（%）	年份	社会保障支出（亿元）	GDP（亿元）	社会保障水平（%）
1980		179.92		1993	66.90	1925.91	3.47
1981		204.86		1994	84.65	2689.28	3.15
1982	4.86	234.01	2.08	1995	104.22	3557.55	2.93
1983	5.73	257.09	2.23	1996	123.80	4188.53	2.96
1984	7.01	323.25	2.17	1997	139.62	4686.11	2.98
1985	9.04	429.16	2.11	1998	154.87	5052.62	3.07
1986	16.58	502.47	3.30	1999	134.05	5443.92	2.46
1987	19.41	606.99	3.20	2000	140.55	6141.03	2.29
1988	26.97	770.25	3.50	2001	178.21	6898.34	2.58
1989	31.68	849.44	3.73	2002	213.15	8003.67	2.67
1990	36.81	904.69	4.07	2003	253.80	9705.02	2.62

续表

年份	社会保障支出（亿元）	GDP（亿元）	社会保障水平（%）	年份	社会保障支出（亿元）	GDP（亿元）	社会保障水平（%）
1991	41.74	1089.33	3.83	2004	275.70	11648.70	2.37
1992	50.77	1375.70	3.70	2005	288.51	13437.85	2.15

注：（1）表中数据根据《浙江统计年鉴》公布的有关数据整理，其中1980年、1981年部分数据缺失。（2）GDP按当年数据计算，以2006年《浙江统计年鉴》为准。（3）社会保障支出口径如下：1998年前（含1998年）以历年《浙江统计年鉴》里的地方财政“抚恤和社会福利救济费”、“城市人口下乡安置费”（1986年改为“城市青年就业经费”，1987年后该项目合并到“抚恤和社会福利救济费”）、“全部职工保险福利费用”（包括全民单位、集体单位、其他所有制单位职工保险福利费用）之和作为当年“社会保障支出”；1999年后以历年《浙江统计年鉴》里的“抚恤和社会福利救济费”、“社会保障补助支出”、“离休、退休、退职人员保险福利费用”（包括行政、事业、各类企业单为支付的离休金、退休金、退职生活费、医疗卫生费等）之和作为当年“社会保障支出”。

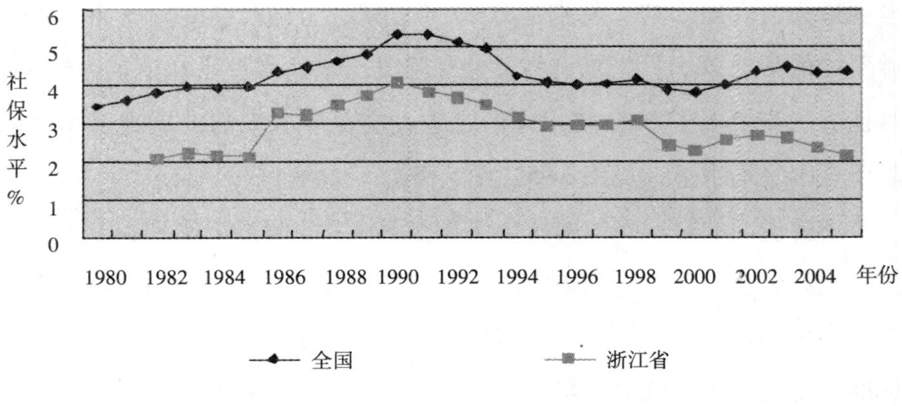

图5-4 全国与浙江省社会保障水平趋势图

二 浙江省社会保障支出增长弹性分析

上文分析表明，虽然浙江省社会保障支出规模在逐年加大，但是其社会保障水平却呈现下降趋势。为此，我们引入社会保障支出增长弹性[1]概念进一步分析社会保障水平与经济发展之间的关系。

从表5-10可知，全国社会保障支出平均增长率为17.25%，全国GDP平均增长率为16.18%，全国社会保障支出增长弹性在0.28—2.18之间，弹性平均值为1.19。即在长达26年的时间里，全国GDP每增长1个单位，全国社会保障支出平均增长1.19个单位。从浙江省来看，1982年以来的24年里，社会保障支出平均增长率为20.45%，GDP平均增长率为19.63%，社会保障支出增长弹性在0.30—4.88之间，弹性平均值为1.27，即浙江省GDP每增长1个单位，浙江省社会保障支出平均增长1.27个单位。

因此，从社会保障水平的相对发展态势来看，浙江省社会保障支出和GDP的平均增长率明显高于全国平均水平，GDP对社会保障支出的贡献率也明显优于全国平均水平。但是，与全国社会保障支出增长弹性相比，浙江省社会保障支出增长弹性波动较大，其最大值为4.88，比全国最大值高出2.17。特别是2000年以来，全国社会保障支出增长弹性平均值为1.26，同期浙江省社会保障支出增长弹性平均值仅为0.89。这也进一步说明了2000年以来浙江省社会保障水平的发展速度明显滞后于全国平均水平（见图5-5、图5-6）。

还要说明的是，我国的社会保障水平在一定程度上受到国家施行临时性政策的重大影响。[2] 如1984—1988年，由于物价水平的大幅上涨，国家先后出台一系列物价补贴措施并相应提高了城镇职工生活困难补助标准，使这5年的社会保障支出增长率平均值超过20%，而浙江省在1986年甚至达到83.41%；1993—1995年，我国在进行公务员工资制度

---

① 社会保障支出增长弹性=社会保障支出增长率/GDP增长率，该指标表示社会保障支出的增长对GDP增长的反映程度。

② 尽管施行临时性政策使得我国社会保障水平的波动性增大，但据董拥军和邱长溶的研究，我国社会保障支出与GDP之间存在长期的协整关系和双向的因果关系。

改革，大幅提高机关事业单位在职职工工资待遇的同时，也提高了离退休人员包括企业离退休人员的基本养老金待遇，使得这3年的社会保障支出增长率平均值也超过20%，而浙江省在1993年达到31.77%；2001年，国家再次出台机关事业单位职工增加工资的措施，机关事业单位离退休人员离退休费也相应提高，同时两次提高了企业离退休人员基本养老金水平，这一年浙江省社会保障支出增长率达到26.79%，这是浙江省2000年以来社会保障支出增长的最高值。

表5-10　　1980—2005年全国与浙江省社会保障支出增长弹性

年份	全国			浙江省		
	社会保障支出增长率（%）	GDP增长率（%）	社会保障支出增长弹性	社会保障支出增长率（%）	GDP增长率（%）	社会保障支出增长弹性
1980	—	—	—	—	—	—
1981	12.70	7.61	1.67	—	13.86	—
1982	14.33	8.83	1.62	—	14.23	—
1983	17.14	12.01	1.43	17.90	9.86	1.82
1984	19.58	20.89	0.94	22.34	25.73	0.87
1985	26.76	25.08	1.07	28.96	32.76	0.89
1986	25.25	13.97	1.81	83.41	17.08	4.88
1987	20.05	17.36	1.16	17.07	20.80	0.82
1988	29.34	24.75	1.19	38.95	26.90	1.45
1989	17.26	12.96	1.33	17.46	10.28	1.69
1990	21.45	9.86	2.18	16.19	6.50	2.49
1991	17.03	16.68	1.02	13.39	20.41	0.66
1992	18.41	23.61	0.78	21.63	26.29	0.82
1993	26.86	31.24	0.86	31.77	39.99	0.79
1994	17.63	36.41	0.48	26.53	39.64	0.67
1995	20.63	26.13	0.79	23.12	32.29	0.72
1996	15.20	17.08	0.89	18.79	17.74	1.06
1997	11.65	10.95	1.06	12.79	11.88	1.08
1998	10.87	6.87	1.58	10.92	7.82	1.39

续表

年份	全国			浙江省		
	社会保障支出增长率（%）	GDP 增长率（%）	社会保障支出增长弹性	社会保障支出增长率（%）	GDP 增长率（%）	社会保障支出增长弹性
1999	-1.74	6.25	0.28	-13.44	7.74	1.74
2000	8.90	10.64	0.84	4.85	12.81	0.38
2001	16.16	10.52	1.54	26.79	12.33	2.17
2002	19.84	9.74	2.04	19.61	16.02	1.22
2003	16.19	12.87	1.26	19.07	21.26	0.89
2004	12.92	17.71	0.73	8.63	20.03	0.43
2005	16.28	14.52	1.12	4.65	15.36	0.30

注：(1) 数据来源同上表。(2) 社会保障支出增长率、GDP 增长率采用环比法计算，社会保障支出与 GDP 都以当年数据为准，未考虑物价指数等的影响。(3) 社会保障支出增长弹性=社会保障支出增长率/GDP 增长率。

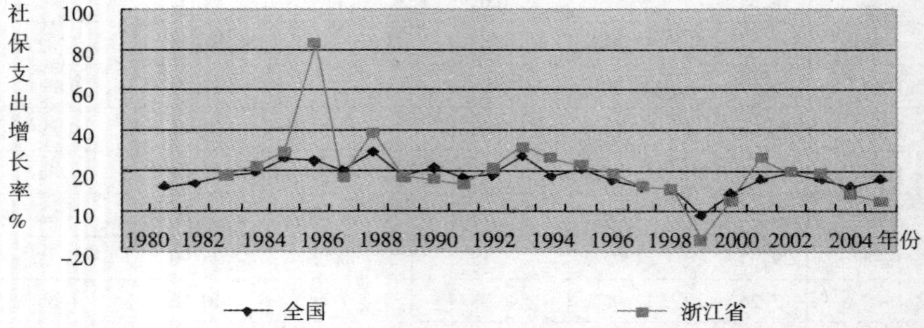

图 5-5　全国与浙江省社会保障支出增长率趋势

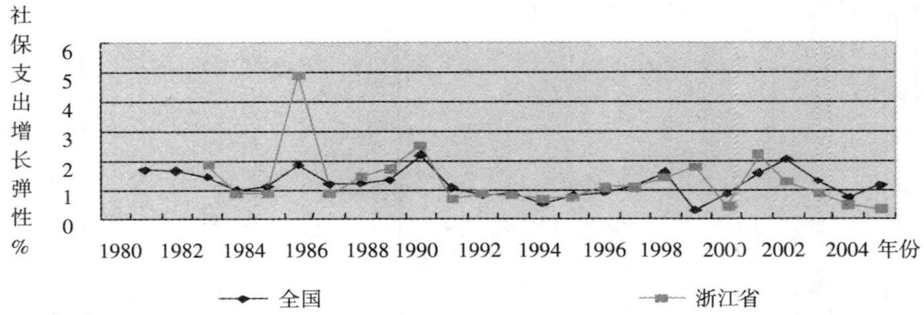

图 5-6 全国与浙江省社会保障支出增长弹性趋势

三 浙江省社会保障水平与 GDP 的适应性判断

穆怀中以西方主要“福利型国家”和“自保公助型国家”为研究对象的研究结论显示，社会保障水平与 GDP 之间存在高度正相关关系，R 系数在 0.9 以上。[①] 穆怀中研究证明，1960—1995 年间，随着西方主要国家人均 GDP 的增长，平均社会保障水平也在增长，社会保障水平的增长速度超过了 GDP 的增长速度。穆怀中还依据分配结构、老年人口比重、人均 GDP 增长等因素，在理论上论证了社会保障水平不具有绝对刚性，进而提出了社会保障水平发展曲线的右倾倒“U”形假设。穆怀中把社会保障水平发展轨迹划分为 4 个阶段：与人均 GDP 相联系，大约人均 GDP 2000 美元以下，处于前社会保障时期，不存在现代意义的社会保障；人均 GDP 2000—4000 美元阶段，处于社会保障形成时期，大致相当于西方主要发达国家 1960 年的社会保障水平；人均 GDP 4000—20000 美元阶段，处于社会保障上升期，其中人均 4000—10000 美元阶段，是社会保障水平上升最快时期，人均 GDP 10000—20000 美元阶段，社会保障水平的增长开始放慢速度；当人均 GDP 超过 20000 美元后，社会保障水平开始逐渐回落，大致相当于西方主要国家 1995

① 穆怀中：《社会保障水平经济效应分析》，《中国人口科学》2001 年第 3 期。

年以后的社会保障水平。

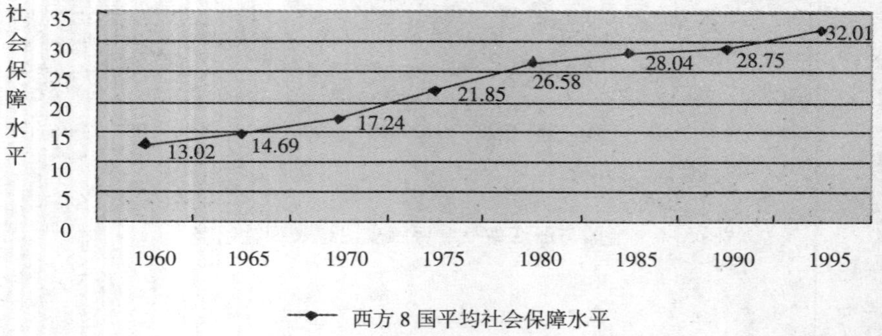

图 5-7 西方 8 国平均社会保障水平趋势图

图 5-7 显示，1960—1995 年期间，西方主要国家社会保障水平经历了基本形成期（1960—1970 年，社会保障水平 13.02%—17.24%）、快速增长期（1970—1980 年，社会保障水平 17.24%—26.58%）、滞长期（1980—1990 年，社会保障水平 26.58%—28.75%）、平缓增长期（1990—1995 年，社会保障水平 28.75%—32.04%）。其中，1980 年西方主要国家的社会保障水平达到 26.58%，与穆怀中测算的社会保障适度水平的上限 26.15% 基本一致。之后，随着经济发展陷入低迷，西方各主要国家开始进行社会保障制度的改革，并削减政府社会保障支出。1990 年以后，随着经济开始回暖，西方各主要国家社会保障水平也随之稳步提高，在 1995 年达到峰值 32.04%。①

从社会保障水平增长率与 GDP 增长率的相关关系来看（见表 5-11），当 0<社会保障支出增长弹性<1 时，表明当期社会保障支出的增长与 GDP 的增长呈同方向变动，但社会保障支出的增长速度低于 GDP

① 包括英、美、德、法、日、芬兰、丹麦、瑞典 8 国。数据转引自穆怀中《社会保障水平发展曲线研究》，《人口研究》2003 年第 3 期。

的增长速度，与此同时，社会保障水平的增长与GDP的增长呈反方向变动，社会保障水平与基期相比呈下降趋势。当社会保障支出增长弹性>1时，表明当期社会保障支出的增长超过了GDP的增长，同时，社会保障水平的增长与GDP的增长呈同方向变动，社会保障水平与基期相比稳步发展。

从表5-11还可以看出，1982—2005年期间，浙江省社会保障支出增长弹性有11年保持在1.0以上，2013年在0.3—0.89之间，2000年以来有4年在0.89以下。说明浙江省在1982年尤其是2000年以来的大部分时间里不仅社会保障水平的增长率在GDP的增长率之下，而且社会保障水平的增长率与GDP的增长率呈反方向变动，即浙江省社会保障水平与GDP之间不完全是高度正相关关系（见图5-8），这与穆怀中以西方主要“福利型国家”和“自保公助型国家”为研究对象的研究结论相比有较大差别。

以浙江省社会保障支出增长弹性最低的一年——2005年为例，浙江省在该年的人均GDP可折算为3433美元①，比全国同期人均GDP水平1740美元高出1693美元。以此数据来看，浙江省目前的社会保障发展水平与穆怀中关于社会保障发展轨迹的第二个阶段——社会保障形成期基本相符，而且以社会保障水平平均值3.02%辅助判断可知，浙江省改革开放后至今的社会保障水平处于社会保障形成期的初期阶段；从社会保障水平与GDP的关系来看，二者大部分时间属于低水平基本适应状态，这也与杨翠迎、何文炯关于社会保障水平与经济发展的适应性研究的结论相一致。②③

① 按2005年12月31日国家外汇管理局公布的美元—人民币汇率中间价8.0702折算。

② 杨翠迎、何文炯：《社会保障水平与经济发展的适应性研究》，《公共管理学报》2004年第2期。

③ 杨翠迎、何文炯：《社会保障水平与经济发展的适应性研究》，《公共管理学报》2004年第2期。

表 5-11　1980—2005 年全国与浙江省社会保障水平增长率与 GDP 增长率

年份	全国			浙江省		
	社会保障支出增长弹性	GDP 增长率（%）	社会保障水平增长率（%）	社会保障支出增长弹性	GDP 增长率（%）	社会保障水平增长率（%）
1980	—	—	—	—	—	—
1981	1.67	7.61	4.64	—	13.86	—
1982	1.62	8.83	4.98	—	14.23	—
1983	1.43	12.01	4.75	1.82	9.86	7.21
1984	0.94	20.89	-1.26	0.87	25.73	-2.69
1985	1.07	25.08	1.53	0.89	32.76	-2.76
1986	1.81	13.97	9.79	4.88	17.08	56.39
1987	1.16	17.36	2.29	0.82	20.80	-3.03
1988	1.19	24.75	3.80	1.45	26.90	9.38
1989	1.33	12.96	3.66	1.69	10.28	6.57
1990	2.18	9.86	10.60	2.49	6.50	9.12
1991	1.02	16.68	4.31	0.66	20.41	-5.89
1992	0.78	23.61	-4.13	0.82	26.29	-3.39
1993	0.86	31.24	-3.13	0.79	39.99	-6.22
1994	0.48	36.41	-13.77	0.67	39.64	-9.22
1995	0.79	26.13	-4.46	0.72	32.29	-6.98
1996	0.89	17.08	-1.47	1.06	17.74	1.02
1997	1.06	10.95	-0.49	1.08	11.88	0.68
1998	1.58	6.87	3.72	1.39	7.82	3.02
1999	0.28	6.25	-7.42	1.74	7.74	-19.87
2000	0.84	10.64	-1.55	0.38	12.81	-6.90
2001	1.54	10.52	4.99	2.17	12.33	12.66
2002	2.04	9.74	9.25	1.22	16.02	3.49
2003	1.26	12.87	2.97	0.89	21.26	-1.87
2004	0.73	17.71	-4.00	0.43	20.03	-9.54
2005	1.12	14.52	1.39	0.30	15.36	-9.28

注：数据来源同上表。

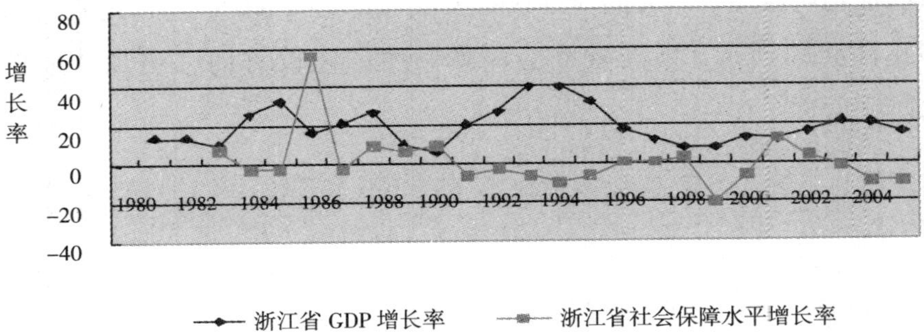

图 5-8　浙江省 GDP 增长率与社会保障水平增长率趋势图

四　主要结论

上述研究表明，1982—2005 年间，虽然浙江省社会保障支出规模平均每年以 20.45% 的速度增长，但是社会保障支出占 GDP 的比重平均只有 3.02%，低于全国平均水平 1.27 个百分点，并在 2000 年以后出现低水平倒退迹象；从社会保障支出增长弹性来看，浙江省社会保障支出增长弹性有 13 年在 1 以下，即浙江省社会保障水平与 GDP 之间不完全是高度正相关关系，不仅社会保障水平的增长大部分时间里慢于经济的增长，而且社会保障水平的增长率与 GDP 的增长率呈反方向变动，这与穆怀中的研究结论，即“西方主要国家的社会保障水平与 GDP 之间的 R 系数在 0.9 以上”的判定相比有较大差别；从社会保障水平与经济发展的适应性来看，浙江省社会保障水平与 GDP 之间大部分时间里处于低水平基本适应状态，浙江省社会保障水平仍处于社会保障形成期的初期阶段。

社会保障水平的高低及其与经济发展的适应性，代表着一个国家或一个地区经济社会的文明程度。浙江省的社会保障制度仍处于转型阶段，覆盖城乡的社会保障体系尚未全面建立、社会保障改革实践中的不公平现象依然十分严重。20 多年来浙江省社会保障制度的改革历程并非只有成功与经验，它还同时存在着失误与需要吸取的教训。随着人口老龄化社会的到来，浙江省社会保障制度的建设将面临更加严峻的考验。

第六章　宁夏农村社会养老保险建设实证研究

第一节　宁夏调研样本概况

2010 年 7 月 18 日—8 月 18 日，我们在宁夏回族自治区开展了农户调研。该次宁夏调研共下发问卷 2430 份，回收 2286 份。在回收的 2286 份问卷中有效问卷为 1394 份，废卷有 525 份，疑卷有 367 份。本次调研主要以宁夏农户对农村社会养老保险的参保意愿为研究对象，调研内容大致如下：

一　地域分布

这次调研选点主要分布在银川市（金凤区、西夏区、兴庆区）、灵武市（县级市）和固原市（原州区、西吉县）。银川市的样本数量最大，占了总数的 45.91%；其次为固原市，占了总数的 32.79%；灵武市占了总数的 21.02%。另有 3 份问卷的被调查者来自外部省市或地区，其中 2 份来自甘肃静宁县，1 份来自宁夏吴忠市。

二　性别及年龄分布

本次问卷调查以 18—60 周岁的农村居民为主。根据 1394 份有效问卷，这次调查对象中：男性910人，占65%，女性484人，占35%。按照5岁分组（其中18—19岁分为一组），在所有调查对象中，40—44岁年龄段人数最多，占总数的18.58%；其次是35—39岁年龄段以及30—34岁年龄段，其人数分别占调查对象总数的16.50%和15.06%，人数比例最低的是18—19岁年龄段的农民，其比例只有2.44%。

三　文化程度

根据调查问卷，小学以下、小学、初中、高中、中专（职高）、大专和其他学历人数的占比分别为：14.42%、23.67%、44.91%、11.76%、2.30%、2.80%、0.14%。受教育程度为初中的所占比例最高。被调研对象大部分只接受了九年义务教育，未接受过学校教育的个体约占了10.26%。

四　家庭规模

根据调查问卷，252户农户家庭人口在3人及以下，455户农户家庭人口为4人，334户农户家庭人口为5人，211户农户家庭人口为6人，142户农户家庭人口在7人及以上。其中总人数为4人的家庭所占比例最多，占了所调查户数的32.64%。

五　家庭收支状况

根据调查问卷，被调查农户平均年家庭总收入11547.96元，平均年家庭总支出7162.87元，平均年家庭结余4385.09元。家庭总收入水平以每3000元为一个分段，被调研群体家庭收入状况如下：总收入在3001元到6000元之间的家庭数量最多，约占13.6%。家庭年人均收入在684—2000元之间的家庭最多，约为40.53%，处在绝对贫困线以下的家庭约占16.41%（其中有55个家庭未填写收入数据，除去此55个样本，则在1339个样本中有173个样本的家庭年人均收入在绝对贫困线以下，约占12.97%）；家庭年人均收入在5000元以上的样本仅占了9.26%。从这些数据可以看出：西部农民的家庭人均收入很低，有相当一部分还处于绝对贫困线以下。

六　调查对象人员类型

根据调查问卷，农转非人员289人，土地被征用人员228人，粮食作物纯农户883人，经济作物纯农户196人，村委会人员34人，分别占调查全体的20.73%、16.36%、63.34%、14.06%、2.44%。

七　外出打工状况

根据调查问卷，1394户农户家庭中有809户家庭有外出打工成员，占58%。

八　土地征用状况

根据调查问卷，1394户农户家庭中有土地被征用的家庭385户，占28%；无被征地的1008户，占72%。

九　计划生育状况

根据调查问卷，非计划生育家庭661户，占47%，计划生育家庭733户，占53%。其中计划生育家庭中生育一儿一女的399户，生育两个女孩的105户，独生子女户248户，分别占计划生育户的49%，15%、36%。

十　是否已经参加养老保险

根据调查问卷，在2010年9月以前，宁夏地区农村仅针对村干部和征地农民开展了养老保险，因此养老保险覆盖率很低，数据显示仅为9%。

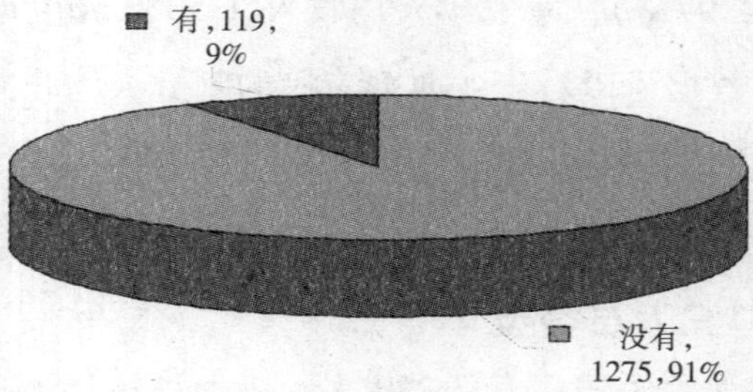

图 6-1 家庭成员参加农村社会养老保险状况

十一 农户对养老责任的认知

表 6-1 养老责任承担

	儿子	女儿	家庭	集体	政府	子女政府共同承担
人数（人）	511	333	265	63	209	803
比例（%）	36.66	23.89	19.01	4.52	14.99	57.60

根据调查问卷，子女政府共同承担这一选项为最大值，有 57.6% 的样本选择了这一项；其次为儿子、女儿、家庭、政府。这也可以看出西部农民养儿防老的观念仍然较重，且随着集体经济的瓦解，农民集体意识变得很淡薄。

十二 农村社会养老保险参保意愿

根据调查问卷，在 1394 个调查对象中，363 人表示不愿意参加在农村开办的养老保险，1031 人愿意参加，分别占了 26%、74%。

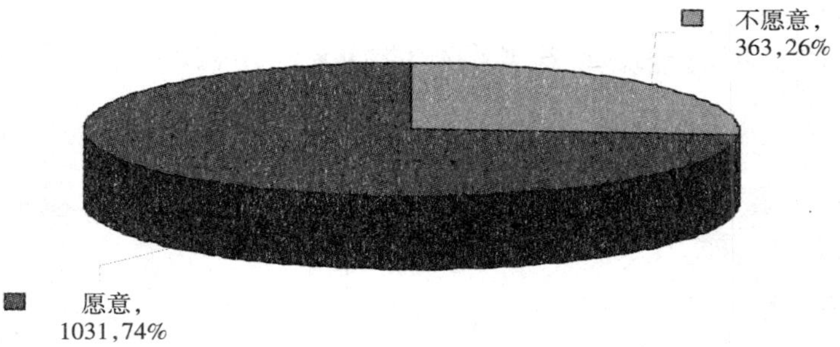

图 6-2　农村开办养老保险的参加意愿

十三　愿意缴纳的保险费额度

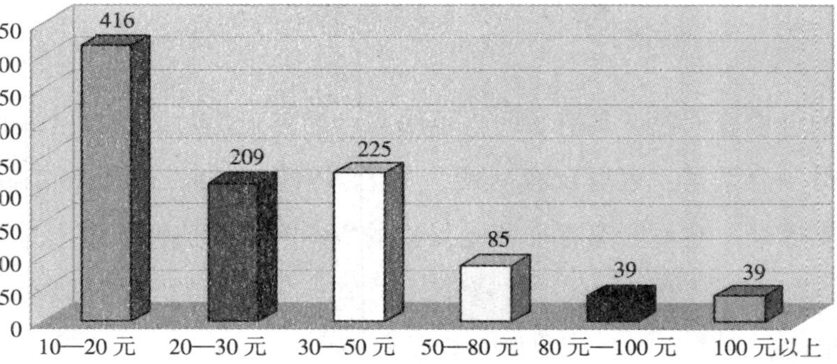

图 6-3　每月愿意缴纳额度

根据调查问卷，总体而言，随着保险费额度的增加，人们的参保意愿总体呈现下降趋势，但是在 30—50 元档上却表现出较高的选择率，这与大多数村民总体偏低的收入相关。

十四、不愿意参加养老保险的原因

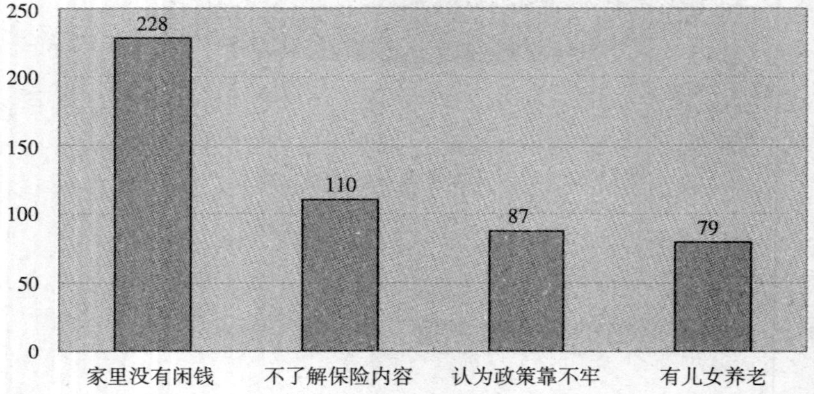

图 6-4　不愿意参加养老保险的原因

根据调查问卷，共有 363 人不愿意参加养老保险，选择的理由从高到低排序分别是：家里没有闲钱、不了解保险内容、认为政策靠不牢、有儿女养老。在不愿意参加养老保险的 363 人中，选择了以上理由的分别有 62.81%、30.30%、23.97%、21.76%。可见对于西部农民而言，“没有闲钱”成为制约其参加养老保险的最大障碍。

十五　政府补贴下农村社会养老保险参保意愿

根据调查问卷，政府不进行补贴时，不愿意参加养老保险的占了总体的 26%；政府进行补贴后，选择不愿意和很不愿意的仅占了 6%。可见，政府进行补贴能很大程度上提高农民的参保积极性。

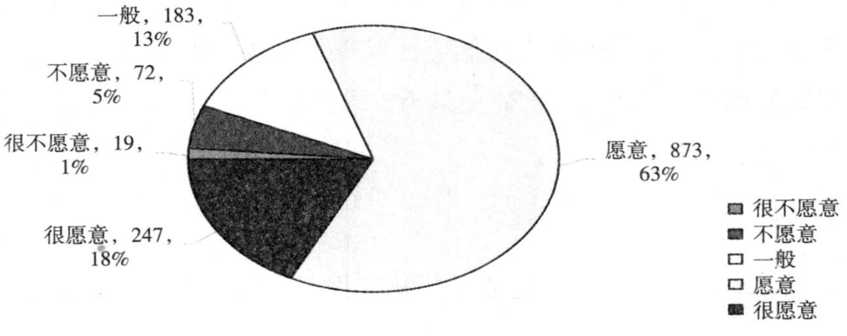

图 6-5　政府补贴下农村社会养老保险参加意愿

十六　保障项目迫切程度

根据调查问卷，我们对该问题答案的选项顺序进行赋值，位于第 1 位的赋值为 5 分，位于第 2 位的赋值为 4 分，以此类推，位于第 5 位的选项赋值为 1 分。最后结果为每个选项的得分的加权平均。

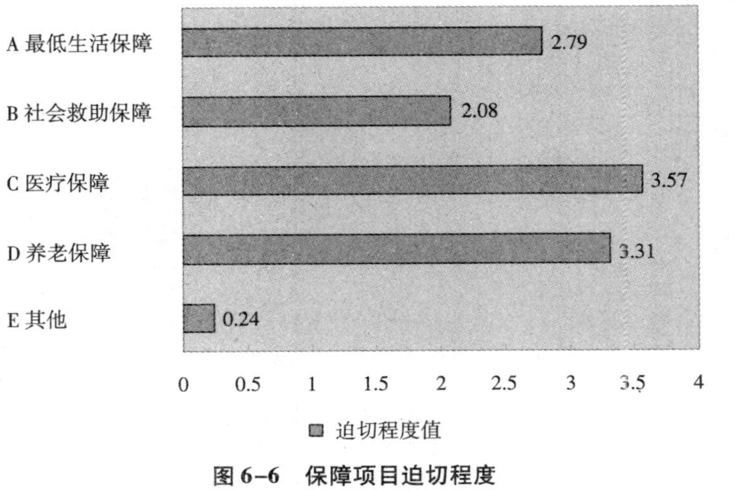

图 6-6　保障项目迫切程度

由上图可以看出，被调查对象对医疗保障的需求迫切程度最高，其次为养老保障项目，再次为最低生活保障及社会救助保障。可以看出，医疗保障和养老保障是西部农民最为需求的项目，而且这两者之间的数值相差很小。

第二节　宁夏失地农民基本情况及养老需求特征

在我国城乡二元经济结构下，农业仍是农民最基本的就业岗位。随着我国城市化进程的加快，失地农民既失去了赖以生存的土地，又没有稳定的就业岗位，因此，失地农民的社会保障问题日益突出。以宁夏为例，其在城市化进程中，亦产生了大量的失地农民。根据本次调查，1394 户农户家庭中土地被征用的家庭为 385 户，占 28%；无被征地的为 1008 户，占 72%。宁夏失地农民的基本特征及养老需求等大致如下：

一　收入支出状况

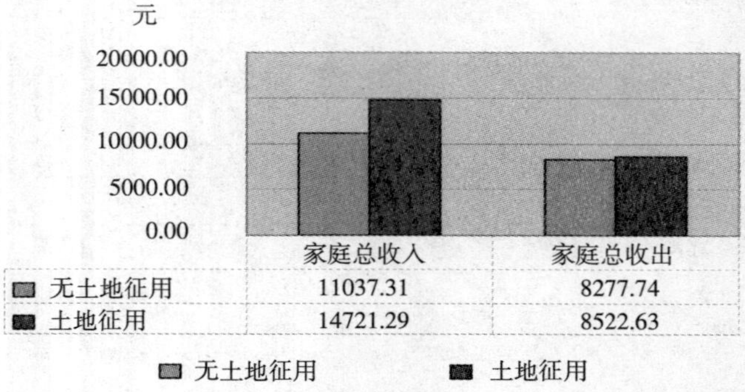

图 6-7　失地农民家庭收入支出状况

根据调查问卷，从失地农民的收入状况看，失地农民的收入状况略好于无土地征用的农民，而家庭支出状况的差距并不大。

二　失地农民预期养老费用支出水平

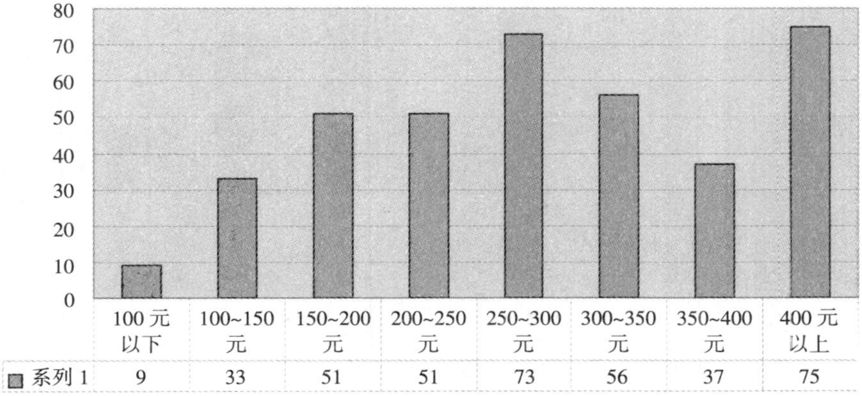

图 6-8　失地农民预期养老费用支出水平

根据调查问卷，从失地农民预期养老费用来看，有 76% 的失地农民预期每月的养老费用在 200 元以上，只有 24% 的失地农民预期每月的养老费用在 200 元以下。

三　失地农民与生活水平

表 6-2　　　　失地农民与一般农户生活水平比较

	没有被征地		有被征地	
	比例	人数	比例	人数
上等	9	0.9%	3	0.8%
中上等	78	7.7%	40	10.6%
中等	536	53.2%	209	54.1%
中下等	256	25.4%	86	22.3%
下等	129	12.8%	47	12.2%
总计	1008	100.0%	385	100.0%

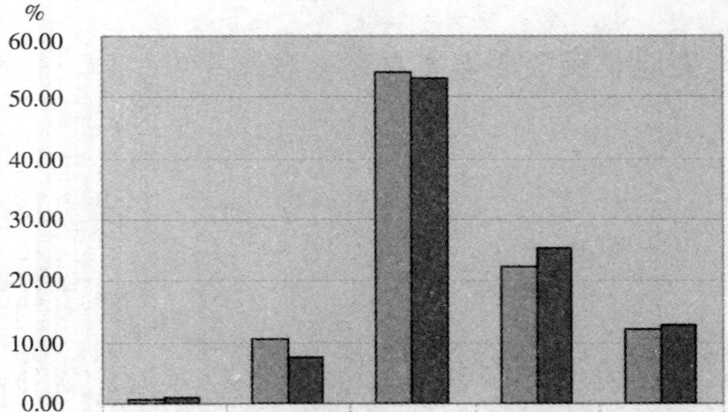

	上等	中上等	中等	中下等	下等
没有被征地	0.78	10.62	54.15	22.28	12.18
有被征地	0.89	7.74	53.17	25.40	12.80

没有被征地　有被征地

图 6-9　失地农民与一般农户生活水平比较

由图 6-9 可以看出，被征地调查对象与未被征地的调查对象生活水平基本服从正态分布。生活水平中等的被调查对象数量最多，分别占到未被征地调查对象的 54. 15% 及被征地调查对象的 53. 17%。比较两种被调查对象，可以发现没有被征地调查对象的生活水平略高于被征地的调查对象。无论被征地与否，大部分被调查对象的生活水平处于中等及中等以下生活水平。土地征用一定程度上降低了被征地农民的生活水平。

四　土地征用与养老责任由谁负担

表 6-3　　失地农民养老责任认识

		儿子	女儿	家庭	集体	政府	共同承担
没有被征地	频次	387	250	219	45	136	564
	比例	38. 4%	24. 8%	21. 7%	4. 5%	13. 5%	56. 0%
有被征地	频次	124	83	46	18	72	238
	比例	32. 1%	21. 5%	11. 9%	4. 7%	18. 7%	61. 7%

根据调查问卷，无论被征地与否，被调查对象均有半数以上认为应由家庭、政府、个人共同承担养老责任。值得注意的是被征地的调查对象在认为政府应该承担养老责任上比没有被征地的调查对象提高了5.7个百分点；在认为家庭应该承担养老责任上比没有被征地的调查对象降低了9.8个百分点。究其原因，可能是土地被政府征用后，被征地农民失去了靠土地养老的保障，所以增加了对政府的期望。另外，没有被征地的调查对象对家庭的依赖程度明显高于被征地的调查对象。

五　参保意愿

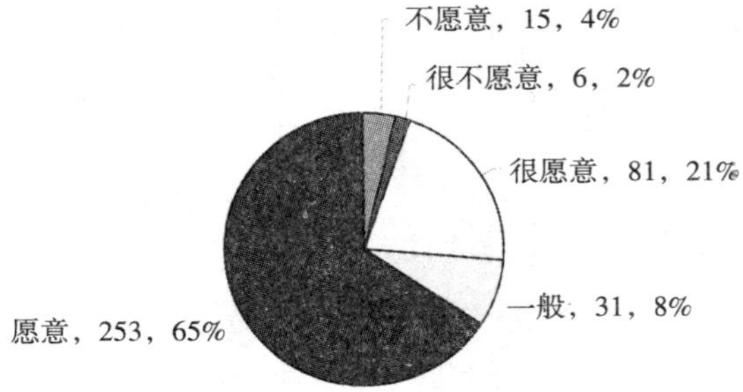

图6-10　失地农民参保意愿

根据调查问卷，在政府补贴的情况下，有6%的失地农民不愿意或者很不愿意参加养老保险，有8%的失地农民态度中立，另外有86%的失地农民表示愿意或者很愿意参加养老保险。

表6-4　　失地农民参保意愿

		愿意	不愿意	合计
没有被征地	频次	731	277	1008
	比例	72.5%	27.5%	100%
有被征地	频次	300	86	386
	比例	77.7%	22.3%	100%

由表6-4可以看出，虽然无论被征地与否，被调查对象都对养老保险表现出了较高的积极性，表示愿意参加养老保险的人数维持在70%以上，但在具体程度上又有所不同。被征地的被调查对象比没有被征地的调查对象表现出了更大的积极性，多了5.2个百分点。这里与上一题相呼应，说明被征地调查对象在家庭保障乐观度较低的同时，更加倾向于参加社会养老保险。

六　土地征用与愿意缴纳的费用

表6-5　　失地农民愿意缴纳的费用

		10—20元	20—30元	30—50元	50—80元	80—100元	100元以上	总计
没有土地征用	频次	311	150	154	56	27	22	720
	比例	43.2%	20.8%	21.4%	7.8%	3.8%	3.1%	100%
有土地征用	频次	105	59	71	29	12	17	293
	比例	35.8%	20.1%	24.2%	9.9%	4.1%	5.8%	100%

注：没有被征地的受调查者中愿意参加养老保险的731人，其中11人未填愿意缴纳费用，这里按720人统计。有被征地的受调查者中愿意参加养老保险的300人中，7人未填愿意缴纳费用，这里按293人统计。

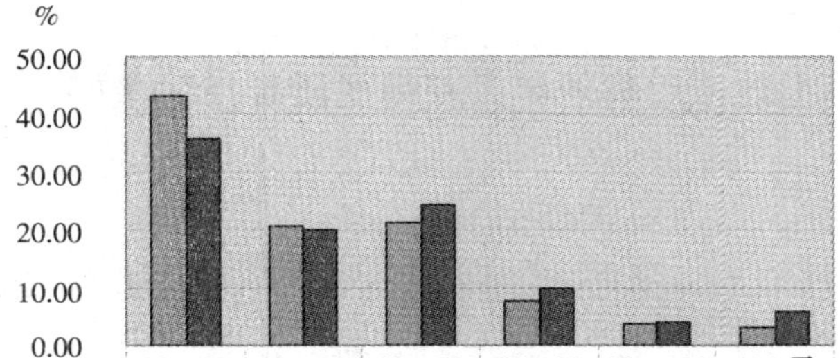

	10—20元	20—30元	30—50元	50—80元	80—100元	100元以上
没有土地征用	43.19	20.83	21.39	7.78	3.75	3.06
有土地征用	35.84	20.14	24.23	9.90	4.10	5.80

■ 没有土地征用　　■ 有土地征用

图 6-11　失地农民愿意缴纳的费用

在缴纳费用数额上，没有被征地的调查对象对费用比较敏感，愿意缴纳额度集中在30—50元以下，被征地的调查对象则愿意缴纳较高的费用，愿意缴纳额度在50元以上的人数增加。被征地的调查对象比没有被征地的调查对象表现出更高的缴纳意愿。这与被征地调查对象失去了土地的保障有关，因此他们对养老保险的需求增加，愿意交纳更多的养老费用。当然，总体来看，该地区的被调查对象缴纳费用意愿普遍偏低。这与该地区的平均收入水平有一定关系。

七 土地征用与老年人获得生活费用的最好方式

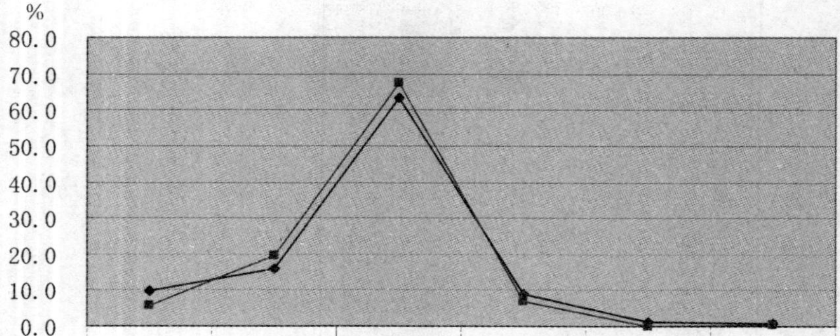

	问儿女要钱	年轻时在银行存款	每月领取社会养老保险金	获得政府或集体的社会救助	从其他亲戚处获得帮助	向社会求助
—◆—没有被征地	9.9	15.8	63.5	8.9	1.1	0.8%
—■—有被征地	5.7	19.7	67.4	7.0	0.0	0.3%

图 6-12 土地征用与老年人生活费用

由图 6-12 可以看出，被调查对象心目中最理想的养老方式是“像退休职工一样，每月领取社会养老保险金”，其次是“自己年轻时在银行存款，老年以后再从银行取款”。这说明无论征地与否，被调查对象对社会养老保险都有较强的需求度。同时被调查对象大部分还是希望依靠自己的力量来解决，而不是向社会、亲戚求助。

另外，就被征地调查对象和没有被征地调查对象对这一问题的回答来看，被征地调查对象对社会养老保险的需求略高于没有被征地调查对象。

八　土地征用与养老状况是否满意

表 6-6　　　　土地征用与养老满意

		很不满意	不满意	一般	满意	非常满意	合计
没有被征地	频次	41	215	444	278	30	1008
	比例	4.1%	21.3%	44.0%	27.6%	3.0%	100.0%
有被征地	频次	16	74	156	129	11	386
	比例	4.1%	19.2%	40.4%	33.4%	2.8%	100.0%

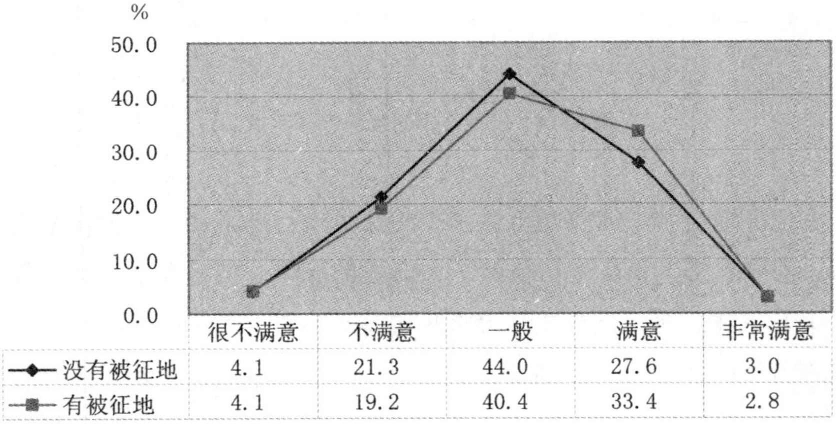

图 6-13　土地征用与养老满意

在很不满意到非常满意的五个指标之间，被调查对象的满意程度基本服从正态分布。被征地调查对象对养老状况的满意程度略好于没有被征地的调查对象。综合考虑被征地调查对象对养老保险的需求情况和被征地调查对象对养老状况的满意程度，说明当前的社会养老保险基本能够满足被征地农民的养老需要，但依然有较大提高空间。

九 土地征用与需要的社会保障项目

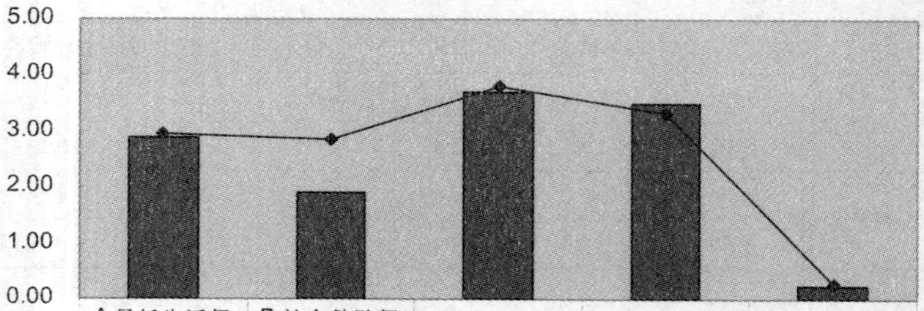

	A最低生活保障	B社会救助保障	C医疗保障	D养老保障	E其他
没有被征地	2.90	1.92	3.71	3.52	0.24
有被征地	2.97	2.85	3.81	3.33	0.27

图6-14 土地征用与社会保障项目

无论征地与否，调查对象最需要的保障项目基本一致，依次是医疗保障、养老保障、最低生活保障、社会救助保障。但是在社会救助保障的需求上，被征地调查对象和没有被征地调查对象之间存在较大差异。可能原因是：被征地调查对象的经济状况平均低于没有被征地调查对象，因此他们对最低生活保障、社会救助保障的需求会高于没有被征地调查对象。

十 小结

从经济状况上看，被征地调查对象的生活水平略高于没有被征地的调查对象。无论被征地与否大部分被调查对象的生活水平处于中等及中等以下生活水平。

若采取加权平均的方式计算，失地农民认为每月的养老费用支出约在274元左右。

同样的，若采取加权平均的方式计算，失地农民每月愿意缴纳的保险费约在 36 元左右。

从养老责任上看，无论被征地与否，被调查对象都更倾向于应由家庭、政府、个人共同承担养老责任。值得注意的是被征地的调查对象在认为政府应该承担养老责任上比没有被征地的调查对象提高了 5.7 个百分点；在认为家庭应该承担养老责任上比没有被征地的调查对象降低了 9.8 个百分点。其原因与土地被政府征用后，被征地农民失去了靠土地养老的保障，从而对家庭养老的期望降低，对政府的期望增加。此外，没有被征地的调查对象对家庭的依赖程度明显高于被征地的调查对象。

从参加社会养老保险积极性上看，总体上该地区的被调查对象缴纳费用意愿普遍偏低，低保费对于被调查对象更有吸引力。这与该地区的平均收入水平有一定关系。由于被征地调查对象失去了土地的保障，因此对养老保险的需求增加，愿意缴纳更多的养老费用。在政府有补贴的情况下，失地农民对养老保险的意愿参保率约为 86% 。

从养老满意度上看，总体而言，西部农民的养老满意度适中。被征地调查对象对于养老状况的满意程度略高于没有被征地的调查对象。综合考虑被征地调查对象对养老保险的需求情况和被征地调查对象对养老状况的满意程度，说明当前的社会养老保险基本能够满足被征地农民的养老需要，但依然有较大提高空间。

从最需要的保障项目上看，无论征地与否，调查对象最需要的保障项目基本一致，依次是医疗保障、养老保障、最低生活保璋、社会救助保障。但是在社会救助保障的需求上，被征地调查对象对最低生活保障、社会救助保障的需求高于没有被征地调查对象。

第三节　宁夏计划生育户基本情况及养老需求特征

近 30 年来，我国以控制人口数量为核心的计划生育事业使农村人口出生率大幅度降低，人口老龄化加速上升。另外，现代婚姻家庭观念在年轻人心目中渐渐强化，使传统大家庭不断分解，传统的家庭养老功能在不断弱化。计划生育户（简称计生户）子女成家后不愿意赡养老人的现象在农村比比皆是。就宁夏来说，也大致如此。根据本次调查，1394 户农户家庭中计生户 733 户，占总样本数的 53%；非计生户 661 户，占总样本数的 47%。宁夏农村计生户的基本特征及养老需求等大致如下：

一　计生户预期养老费用

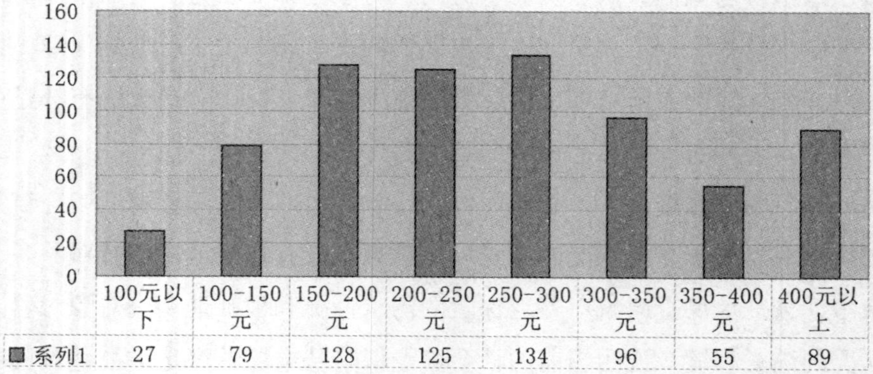

图 6-15　计生户预期养老费用

根据调查，68% 的计生户预期每月的养老费用在 200 元以上，只有 32% 的计生户预期每月的养老费用在 200 元以下。

二　计生户愿意参加养老保险的比例（有政府补贴）

根据调查，有 6% 的计生户在政府补贴的情况下不愿意或者很不愿意参加养老保险，有 11% 的计生户态度中立，另外有 83% 的计生户在政府补贴的情况下表示愿意或者很愿意参加养老保险。

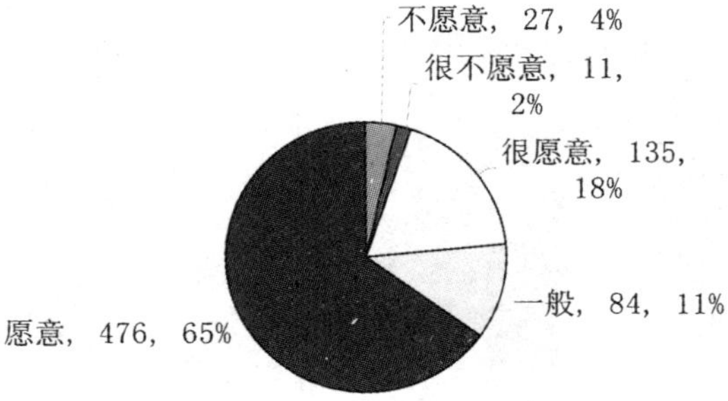

图 6-16　计生户参加养老保险意愿

三　计生户收入、支出、结余交叉

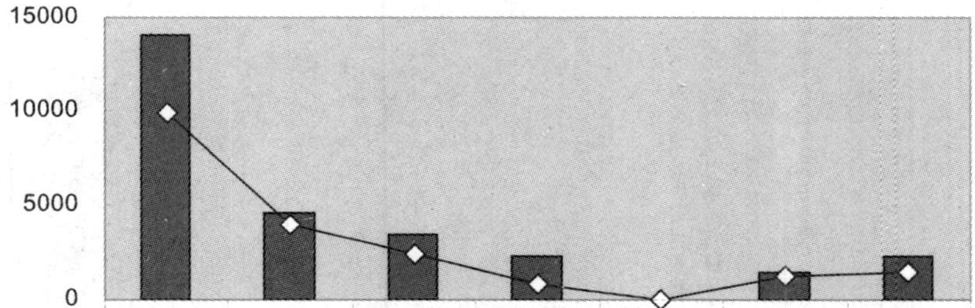

	家庭总收入	纯农业收入	工资性收入	财产性收入	土地征用补偿	副业收入	其他收入
计生户	14023	4582	3388	2254	0	1465	2335
非计生户	9887	3914	2385	842	0	1288	1487

图 6-17　计生户家庭总收入与分项收入额

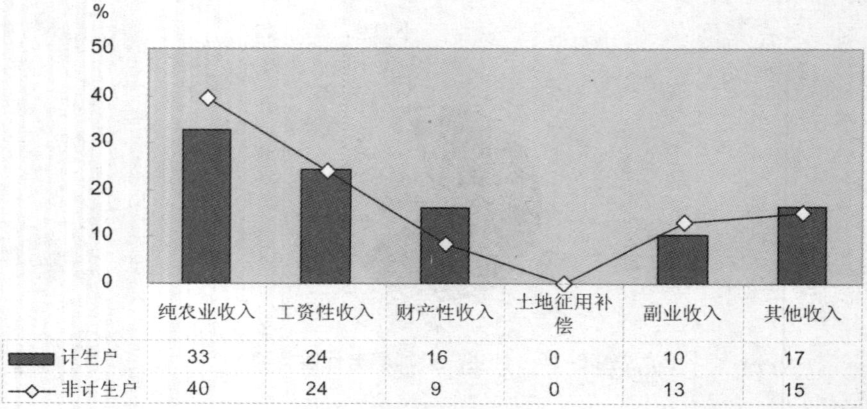

图 6-18 计生户收入分布比例

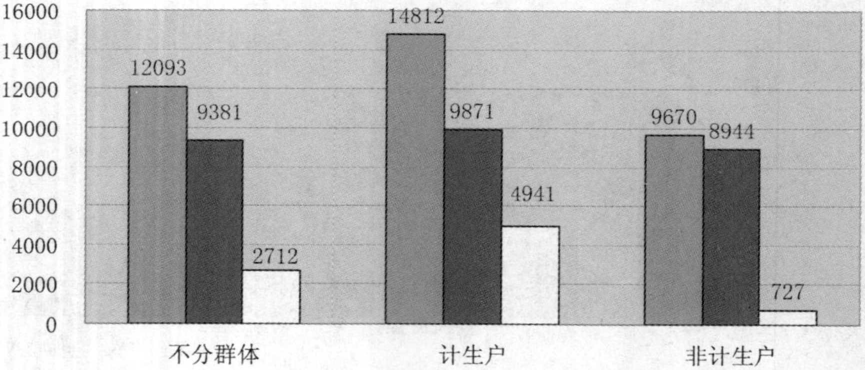

图 6-19 计生户收入、支出与结余

图 6-17 和图 6-18 显示了两种家庭的收入状况。首先，从总收入看，计生户家庭平均总收入高于非计生户，特别在财产性收入这一项上两者差异较大。从各收入组成状况看，可以发现纯农业收入是宁夏农村家庭最主要的收入来源，其次是工资性收入。在财产性收入上计生户家庭和非计生户家庭差异较大。

图 6-19 显示了两种家庭在收入、支出和结余上的差异。此项统计有效样本为 1059，其中计生户样本 499，非计生户样本 560。图 6-19 的

蓝、紫、黄三种颜色柱形分别代表家庭的收入、支出和结余情况。首先从平均数上看，不分群体的家庭平均总收入为12093元，支出为9381元，结余为2712元。计生户平均总收入为14812元，支出为9871元，结余为4941元。非计生户平均总收入为9670元，支出为8944元，结余为727元。从这点可以看出，计生户的平均收入水平高于不分群体的收入水平，且显著高于非计生户的收入水平。计生户的平均支出水平略高于不分群体的支出水平，且高于非计生户的支出水平。计生户的平均结余水平略高于不分群体的结余水平，且显著高于非计生户的结余水平。可以看出，计生户的经济状况要好于当地的平均水平，也好于非计生户，特别是在收入和结余上显著高于非计生户。

四　养老责任由谁承担

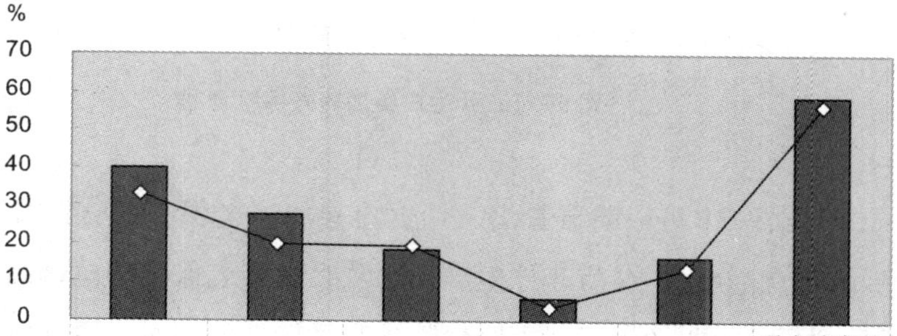

	儿子	女儿	家庭	集体	政府	子女政府共同承担
计生户	40	28	18	6	16	59
非计生户	33	20	20	3	13	56

图6-20　计生户养老责任承担

从图6-20可以看出，在宁夏被调查人群的观念中，人们普遍认为养老责任应该由子女、政府共同承担，其次为儿子、女儿、家庭、政府和集体。但是在“应该由家庭承担”选项上非计生户选择比例高于计生户，说明非计生户对于家庭养老更为依赖。也有研究表明，家庭规模较大的老人对于家庭养老的乐观度更强。这一结论从图 6-20 中也可以得到验证。

五　计生户是否愿意参加养老保险

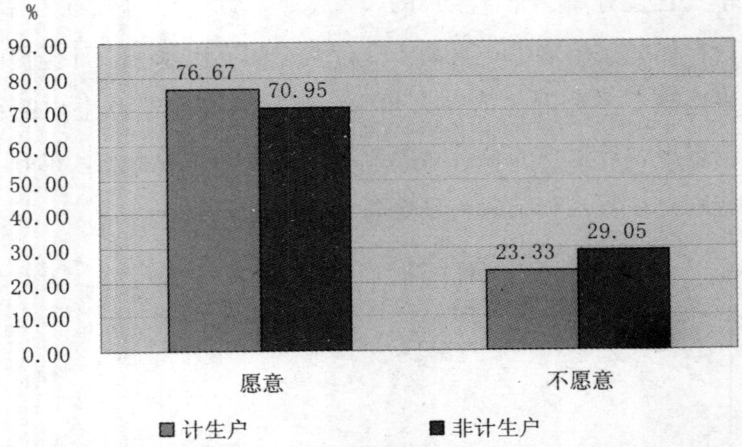

图 6-21　计生户参加养老保险意愿

从图 6-21 可以明显看出，计生户参加养老保险的意愿高于非计生户近 6 个百分点，这与非计生户不愿意参加养老保险的比例高于计生户相互验证。说明计生户在家庭保障乐观度较低的同时，更加倾向于参加社会养老保险。

六　计生户与愿意缴纳的费用

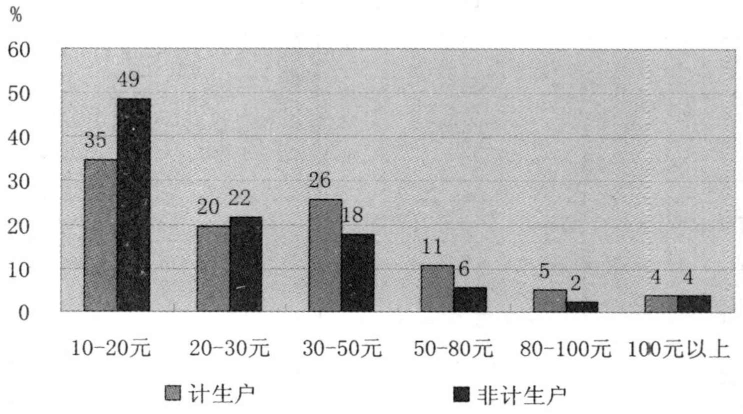

图 6-22　计生户愿意缴纳的费用

注：由于愿意参加养老保险的562个计生户有10个调查对象未填愿缴额度，469个非计生户有8个未填愿缴额度，因此总有效样本为1013。

分析图6-22可以发现，对于非计生户而言，他们愿意缴纳的保险费随着保费额度的增加选择的比例逐渐降低，有49%的人选择了最低档。对于计生户而言，35%选择了最低档，26%选择了30—50元档，20%的人选择了20—30元档。在最低档和次低档上非计生户选择比例均高于计生户，但在之后的四档上计生户选择比例均高于非计生户。可以看出，宁夏农民愿意缴纳的保险费集中在10—50元之间，而且保费越低大体上而言越有吸引力。但是计生户表现出来的缴费意愿要显著高于非计生户，特别是在较高水平的缴费上计生户比非计生户更愿意缴费。这和之前的分析相呼应，计生户更需要社会养老保险，因此有更高的缴费意愿，同时他们的经济状况也相对较好，在缴费能力上表现较佳。

七　计生户与老年人获得最好生活费用的方式

表 6-7　　**计生户养老方式偏好**

养老方式/计生状况	计生户		非计生户	
	人次	占群体比例（%）	人次	占群体比例（%）
问儿女要钱	43	6	79	12
自己年轻时在银行存款，老年以后再从银行取款	131	18	104	16
像退休职工一样，每月领取社会养老保险金	503	69	397	60
获得政府或集体的社会救助	47	6	70	11
从其他亲戚处获得帮助	6	1	5	1
向社会求助	3	0	6	1
合计	733	100	661	100

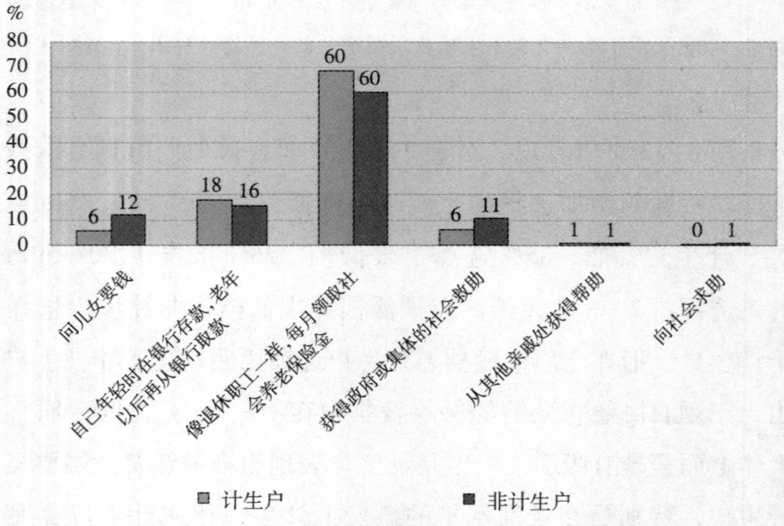

图 6-23　计生户养老方式偏好

比较计生户和非计生之间的区别可以发现，计生户对于社会养老保险的需求高于非计生户，在“自己年轻时在银行存款，老年以后再从银行取款”上的选择比例也高于非计生户，在“问儿女要钱”上的选择比例低于非计生户。可以看出，计生户自我保障意识比非计生户强，他们对于家庭养老的乐观度低于非计生户。这与上文的分析也相互验证。

八　计生户对养老状况是否满意

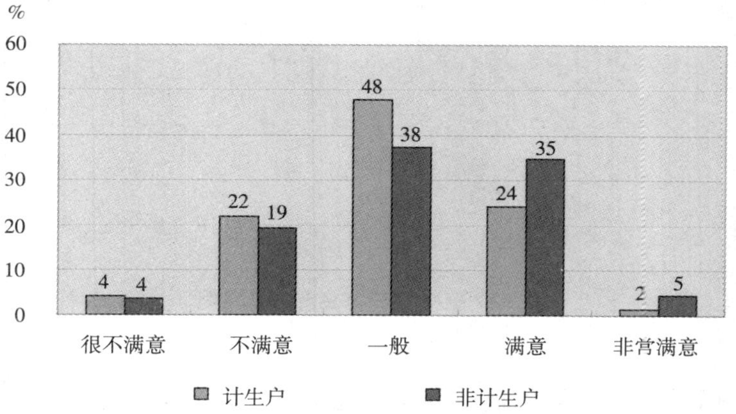

图 6-24　计生户对养老状况的满意度

分析图 6-24 可以发现，计生户认为养老状况一般、满意、非常满意的比例合计为 74%。比较计生户和非计生户可以发现，计生户的养老状况满意度明显低于非计生户。在前两个选项上计生户比例大于非计生户，在后面三个选项上计生户比例低于非计生户。可以说，计生户的家庭保障功能弱于非计生户，他们对于家庭保障的乐观度较低，而转向对社会养老保险的需求。然而，现阶段宁夏农村计生户的养老保险尚未建立，宁夏农村计生户养老保险的紧迫性可见一斑。

九 计生户与个人的生老病死谁承担

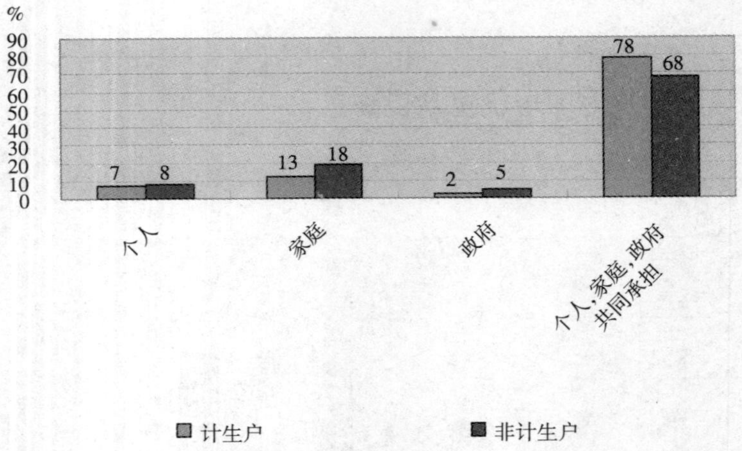

图 6-25 计生户与生老病死负担

分析图 6-25 可以发现，宁夏农民普遍认为个人的生老病死应该由个人、家庭、政府共同承担。进一步分析发现，计生户的家庭责任意识显著低于非计生户的家庭责任意识。

十 计生户与需要的社会保障项目

对于计生户而言，最需要的保障项目依次是医疗保障、养老保障、最低生活保障、社会救助保障。对非计生户而言，最需要的保障项目依次是最低生活保障、养老保障、医疗保障和社会救助保障。这个差异与前面的分析呼应起来：非计生户的经济状况平均低于计生户，因此他们对最低生活保障的需求会高于计生户，同样的还有社会救助保障。同时他们的家庭保障意识较强，因此对医疗保障和养老保障的需求度会低于计生户。

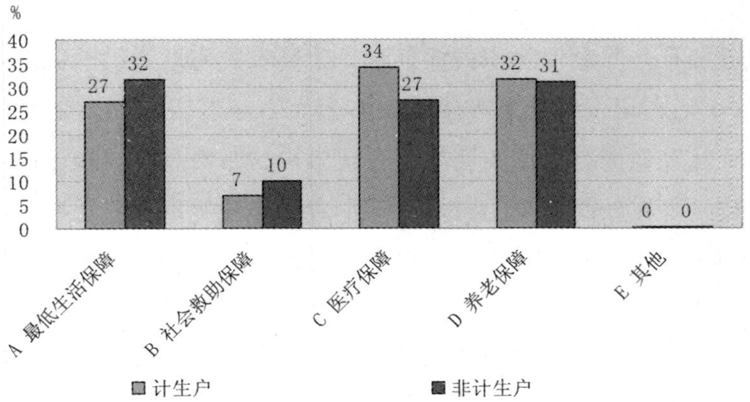

图 6-26　计生户与需要的社会保障项目

注：由于在问卷录入时将单选 E 用于指代该对象没有作答该问题，因此 733 个计生户中有 46 个单选的 E 不统计，661 个非计生户中有 17 个单选的 E 不统计，样本总数 1331。

十一　小结

从经济状况上看，计生户的平均收入水平略高于不分群体的收入水平，且高于非计生户的收入水平。计生户的平均结余水平略高于不分群体的结余水平，且显著高于非计生户的结余水平。也就是说，计生户的经济状况好于当地的平均水平，也高于非计生户，特别是在收入和结余上显著高于非计生户。

若采取加权平均的方式计算，则根据调查数据，计生户认为平均每月的养老费用支出约在 255 元左右。

同样地，若采取加权平均的方式计算，则根据调查数据，计生户每月愿意缴纳的保险费大致约在 36 元左右。

从养老责任上看，计生户更加倾向于寻求政府支持和自我保障，他们对于家庭养老的乐观度较低，参加社会养老保险是首选，其次是自己存钱；非计生户相对而言比计生户更加倾向于家庭保障，他们的家庭保障乐观度显著高于计生户，参加社会养老保险是首选，其次是靠子女和家庭养老。

从参加社会养老保险积极性上看，宁夏农民愿意缴纳的保险费集中在10—50元之间，而且保费越低大体上而言越有吸引力。但是计生户由于对家庭养老抱有更低的期望，表现出来的缴费意愿要显著高于非计生户，特别是在较高水平的缴费上计生户比非计生户更愿意缴费。这也和之前的分析相呼应，因为计生户更需要社会养老保险因此有更高的缴费意愿，同时他们的经济状况也相对较好，在缴费能力上也表现较佳。在政府有补贴的情况下，根据调查数据，约有83%的计生户表示愿意或者很愿意参加养老保险。

从养老满意度上看，比较计生户和非计生户可以发现，计生户的养老状况满意度明显低于非计生户。在前两个选项上计生户比例大于非计生户，在后面三个选项上计生户比例低于非计生户。也就是说，综合来看，计生户的家庭保障功能弱于非计生户，他们对于家庭保障的乐观度较低，而转向对社会养老保险的需求。

从最需要的保障项目上看，对于计生户而言，最需要的保障项目依次是医疗保障、养老保障、最低生活保障、社会救助保障。对于非计生户而言，最需要的保障项目依次是最低生活保障、养老保障、医疗保障和社会救助保障。这个差异与前面的分析也是相互呼应。

第四节　宁夏现行农村社会养老保险制度存在的问题

宁夏农村大致从1992年开始开展社会养老保险，迄今已有20多年的历史。到目前为止，宁夏的部分地区已经为农村老年人口提供了一定的保障，但受经济发展水平以及相应的管理制度不健全等因素的影响，现行农村社会养老保险制度还存在诸多问题，需要逐步完善。

一　被征地农民养老保险保障程度过高

目前，宁夏部分地区被征地农民养老保险的保障水平的给付标准是直接与其所在城镇低保水平相挂钩，导致保障标准过高，有保障水平“大跃进”且不断被动型攀升的发展趋势。因为，城市低保的标准往往高于农村低保水平，且保障水平提高得很快：从2002年至2009年9月，宁夏已先后4次提高城市低保标准，使全区低保标准和平均补差由2002年底的145元、62元提高到2009年的185元、92元，保障标准比全国平均水平高8元，且有加快发展的趋势，将可能导致未来出现较大的支付压力。另外，根据国内其他省份被征地农民的生活消费支出特征分析，其消费模式和支出是介于城市居民与农村居民之间。

二　目前的制度存在“碎片化”趋势

宁夏一些地区已经分别为被征地农民、“少生快富”户夫妇、村干部等农村适宜群体开展了社会养老保险，且制度框架不尽相同，形成了社会养老保险制度“碎片化”的趋势。

“碎片化”的社会养老保险格局存在多重弊端：首先，“碎片化”增加了制度的实施成本。在缺乏统一制度安排的情况下，地区与群体间差异性较大的养老保险制度造成“管理碎片化”。“管理碎片化”的一个结果就是增加了制度的管理成本与运用成本。从经济学的角度说，即缺乏规模效应。“碎片化”导致的制度实施成本的增加进一步加大了制度建立对政府财政的压力。其次，“碎片化”使农村养老保险制度无法实现较高的统筹层次。统筹层次的提高有利于在更大程度上实现基金的共济性与制度的稳定性，同时减少保险关系衔接的障碍。“碎片化”格局的存在，会导致无法提高统筹层次。一方面，从制度本身出发，差异性的存在使制度在一定范围内的统一与规范更为困难；另一方面，“碎片化”的制度下必然有多方利益集团的存在，从而必然增加制度改革与规范的成本，使得统筹层次的提高更为不可能。再次，“碎片化”增加制度衔接的难度。现今农村流动人口规模之大迫使我们必须考虑统筹地内外的农村养老保障的制度衔接问题。正是由于农民工群体的流动性较大，长期在一个地区缴费的可能性很低，因此，保险关系的转接应该是制度设计的重点。最后，“碎片化”导致2020年实现社会保障制度全覆盖困难重重。党的十七大报告在实现全国建设小康社会奋斗目标的新要求中提出：到2020年，覆盖城乡居民的社会保障体系基本建立，人人享有基本生活保障。“碎片化”的养老保障制度将农村各群体割裂，必将导致一部分人游离在制度之外，或者是被制度重复覆盖。在这样的一团乱麻中，如果要求做到全覆盖则应该进行耗时耗力的“查漏补缺”，把游离在制度之外的群体纳入到养老保障体系中。另外，对于重复覆盖的群体，由于社会保障的刚性无法在短时间内消除，因此必然会导致有限的农村社会养老保障资源无法得到有效的配置。

三　地方财政支撑困难

社会养老保险制度建设需要各级财政的支撑。就宁夏全区来说，地方财政能力较为薄弱，长期以来一直依靠中央财政的支持。未来新型农村社会养老保险制度的建设和发展很大程度上还必须依靠中央财政的支撑，当然，也对省级及县市级财政能力提出了较高要求。

四　农民参保意愿强烈，但养老保障制度建设滞后

根据本次调查，在没有政府补贴的情况，宁夏农户有74%的人表示愿意参加社会养老保险；而在有政府补贴的情况下，则有94%的人表示愿意参加社会养老保险。特别是村委会人员（村干部）其意愿参保率达到了88%。可见，宁夏农户有强烈的参保意愿。相比之下，目前宁夏农村社会养老保险制度建设则严重滞后。截至2009年底，宁夏全区有1.34万人参加农村社会养老保险，仅占宁夏全区农业总人口的0.37%①。

① 宁夏2009年农普资料数据显示，农业人口357.6万人，待定人口3.1万人。

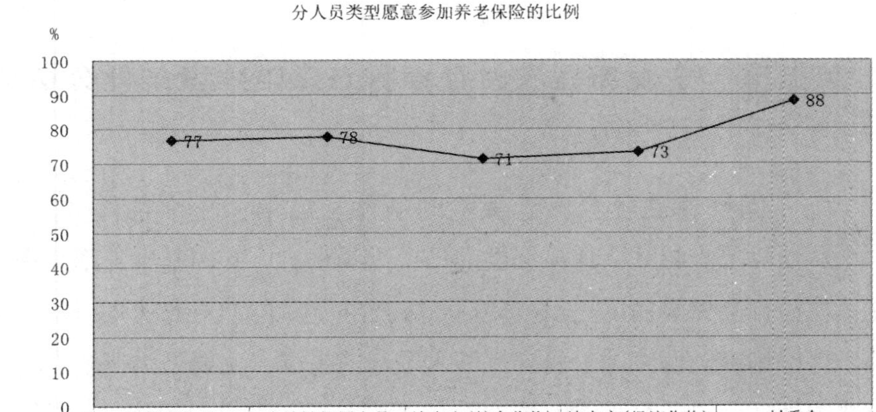

	农转非人员	土地被征用人员	纯农户（粮食作物）	纯农户（经济作物）	村委会
—◆— 愿意	77	78	71	73	88

图 6-27　宁夏农户分群体参保意愿

五　城乡基本养老保险制度的衔接存在体制障碍

从制度设计和实施看，宁夏城乡基本养老保险制度在账户模式、筹资方式、缴费标准、待遇享受水平及政府责任程度等方面存在着极大差异，城镇职工基本养老保险在社会保障中的主导地位和农保的社会保险性质不明确，也已形成鲜明对比。这些差异直接影响和阻碍着宁夏城乡居民和劳动力的流动，限制了宁夏城乡一体化劳动力市场的形成，同时也不利于宁夏农村工业化和城市化的发展。因此，消除城乡制度之间的诸多差异，努力促进城乡基本养老保险制度的衔接与转化，实现基本养老保险制度的城乡协调与均衡，是统筹城乡经济社会发展的必然要求。然而城乡基本养老保险制度衔接与转化受诸多体制条件的限制，城乡基本养老保险制度有着不同的形成历史，其制度的性质、模式和内容具有很大不同，这些将成为城乡基本养老保险制度衔接与转化的体制内障碍因素。除此之外，其还受诸如户籍制度、土地制度、劳动就业制度、财政体制等外部制度因素的阻碍。

第五节　宁夏新型农村社会养老保险建设条件分析

一　国外建立社会养老保险的条件及启示：三个条件

从国际上农村社会保障制度的历史进程来看，各国基本上都是在建立了城镇社会保障制度一段时间后，才建立了专门针对农业人口的社会养老保险制度。西方国家将农民纳入了保障范围，主要是强调政府责任的普遍性，保证公民平等享受社会的福利，并把其作为调整农业结构、提高农业竞争能力的重要措施。表6–8显示了世界上主要国家（地区）建立城市和农村社会养老保险、医疗保险的时间及建立农村社会养老保险时的社会经济发展水平。

表6–8　世界主要国家（地区）建立农村社会养老保险的时间与条件

	建立社会养老保险制度时间			建立社会医疗保险制度时间			建立农村社会养老保险时的人均GDP（美元）
	城市	农村	时差（年）	城市	农村	时差（年）	
德　国	1989	1957	68	1883	1887	4	—
日　本	1941	1971	30	1927	1961	34	3802①
丹　麦	1891	1977	86	1892	1969	77	12943②
美　国	1935	1990	55	1965	—	—	21696
加拿大	1927	1990	63	1958	1968	10	21842
波　兰	1927	1977	50	—	—	—	1822
中国台湾	1950	1994	44	1950	1989	39	—

注：此表是根据《社会保障实务大全》及《世界经济年鉴》1981—1993年有关资料整理而成。①为1970年的统计数字；②为1979年统计数字。

从国外的经验来看，世界上有162个国家和地区实行了社会养老保险制度，其中70个国家和地区包含农村地区。实际上，只要具备了一定的经济发展水平，任何一个国家和地区均可以建立与之相适应的农村社会保障制度（刘峰，2007）。

从发达国家农村养老保险的发展经验来看，特别是在制度发展的初期，政府在立法、组织实施、资金投入和监督管理等各方面都起着主导作用。尤其是在财政方面，政府对农村养老保险给予了大力的财政支持（宫晓霞，2006）：一方面，从预算收入中划拨一部分用以维持社会保障开支或用以弥补社会保障开支的缺口；另一方面是将农业纳入社会保障体系时给予农民与城市人口同等的保障。在德国，农村社会保险的资金源于参保农民的保险税和政府补贴，其中后者占到2/3，在德国所有的社会保险项目中，农民养老保险是唯一的在一定条件下向受保险人提供保险费津贴的社会保险。再如法国的农业人口占总人口的比例不到10%，但农民的养老保险制度已经成为法国众多社会保障制度的第二大分支，法国农业社会互助金的3/4来自体制外的资金支持，其中1/2是国家的财政支持，其余部分来自其他公共保险部门的支持。其他一些西方国家的情况也是如此。加拿大政府负担农村社会养老保险基金的1/2，中央政府和地方政府各分担一半。日本则采用年金支付方式，2/3由年金制度提供，1 /3由国库负担（宋洁琼，2006）。从构成上看，公共年金制度、农民年金计划和个人储蓄性计划共同构成了工业化国家为农村居民建立的一种"三柱式"社会养老保障体系，政府对农村养老保险制度的建立给予了大量财政支持，充分体现了收入再分配功能（丁少群，2004）。社会保障理论和各国的实践说明，政府在建立和推行农村社会养老保险制度的时候应该而且必须承担一定的财政责任，保证资金的合理投入。

综合西方主要国家建立农村社会养老保险的经验来看，建立社会养老保险的条件一般应包括如下社会经济条件（杨翠迎，2005）。

（一）农业部门的份额

农业在国民经济中的地位显著降低，农业劳动力结构份额在20%以下，农业在国民生产总值中的份额在15%以下。例如最早建立农村社会养老保险的西德，在1957年，农业劳动力结构份额为13.7%，西德的农业在国民经济各部门中的产值份额仅为5.7%，工业劳动力结构份额为47.3%，而工业产值份额却为54.5%。

（二）人口压力

社会保障制度从城市延续到农村时，农业人口在全国总人口中所占比例已下降到50%以下。如丹麦1977年建立农村社会养老保险时的农业人口在总人口中比重为20%；在建立农村社会养老保险的各国中，农业人口比重最大的是波兰，也只有42%。

（三）社会经济发展水平

工业化一般经过以农养工阶段、工农自养阶段和以工养农阶段，只有当工业化水平处于第三阶段，经济水平总体较高时（人均GDP 2000美元以上），才有条件建立农村社会养老保险制度。

我国在一定时期内存在城乡二元社会保障制度是一个不争的事实，同时人多地广、人口分散、区域经济条件差异大也是基本国情。国外社会保障制度发展的历程与经验表明，我国社会保障制度的发展不能一蹴而就，应当分区域、分群体、分项目、分步骤地进行。也就是说，应依照经济发展条件进一步扩大社会保障覆盖面，选择灵活的保障模式，分步骤地完成从覆盖城乡的社会保障体系到城乡衔接统一的社会保障制度体系的跨越。城乡基本养老保险制度要实现顺利衔接是一个非常复杂的工程，现阶段首先要从优化养老资源、简化操作办法、提高管理效率的角度，对现行农村社会养老保险制度、被征地农民基本养老保障制度等进行规范和完善，形成统一的农村基本养老保险制度框架；同时，对城市养老保险制度进行改革，促进事业单位养老保险与企业职工养老保险的融合与统一，形成统一的城市基本养老保险制度框架；等待条件和时机成熟后，逐渐实现二者的衔接与转化，最终实现养老保险制度的城乡一体化。

二　宁夏社会经济与人口条件分析

1992年，宁夏农保工作开始起步实施，工作职能由民政部门承担，先后有18个县（区）开展了业务。根据国务院有关文件的精神，2005年6月，宁夏将全区农保工作职能划转劳动保障部门承担，具体业务工作由当地社保局经办，目前大部分市县已完成职能和业务移交。宁夏按照分步实施、逐步完善的原则，首先在银川市开展农村社会养老保险试点，研究制定实施办法，采取地方补助、个人缴纳相结合的办法，将部分被征地农民、“少生快富”户夫妇、村干部等农村适宜群体纳入了社会保险范围。

调查中显示的宁夏农民的意愿缴费额、缴费能力与适度保障水平有比较强的关联度。特别是政府财政的支撑一方面要足以保证被保障农户的养老金支付，另一方面也要与宁夏各级政府财政现状及未来的财政能力发展相匹配。

（一）人口老龄化程度加深，社会负担不断加重

宁夏地区人口发展数据显示，在未来15年里，宁夏老龄化程度呈不断上升趋势。以60岁以上年龄组人口为例，从2008年的34.99万人到2025年的65.49万人左右，17年时间增加了30.5万人，占户籍总人口的比重由2008年的8.54%上升到2025年的13.19%以上。再以65岁以上的年龄组龄人口为例，从2008年的23.17万增长到2025年的大约42.28万人，增长82.48%，占户籍总人口的比重由2008年的5.65%上升到2025年的8.52%。按照国际标准，一个国家或者一个地区，60岁以上的老年人口达到总人口的10%或以上就算老龄化社会了。按照这一标准衡量，2013年宁夏60岁以上的老年人口达到总人口的10%的水平，并呈现逐年上升的趋势。

供养比是考虑人口群体中工作人群对需要被赡养人群的保障能力。按照普遍的年龄层划分，以0—14岁作为少儿儿童，该群体尚不具备劳

动能力，老年群体我们以60—100岁进行划分，则老年供养比=劳动力群体/老年群体，总体供养比=劳动力群体/（老年群体+少儿群体）。

（二）农业部门的份额

根据2010年中国统计年鉴，宁夏地区2009年的地区生产总值为606.10亿元，其中第一产业的生产总值为72.08亿元，可以看出，宁夏地区2009年农业在国民生产总值的份额为11.89%。从这一点上看，宁夏地区已经具备建立农村养老保险制度的其中一个条件，即农业部门的份额低于15%的条件。

（三）农业人口比重下降

根据全国和各地区1%人口抽样调查主要数据公报显示，宁夏地区乡村人口比重为57.72%，与农业人口在全国总人口中所占比例已下降到50%以下的条件要求有一定差距。但是从实际国情出发，我国长期的农业大国状况必然导致农业人口在长期内会高于国际上一般的水平。因此，从人口压力上看，宁夏地区也基本具备建立农村养老保险的条件。

（四）社会经济发展水平

根据2010年中国统计年鉴，宁夏地区2010年的地区生产总值为606.10亿元，同期人口数为596万，基于此，宁夏地区该年人均GDP大约为10170元。单从人均GDP指标看，宁夏地区的社会经济发展水平还有一定差距。

（五）财政收支状况

根据2010年中国统计年鉴，宁夏地区2010年的财政收入为477216万元，财政支出为1602509万元，其中社会保障支出为70364万元，约占4.4%。

（六）参保意愿

从调研数据看，在没有政府补贴的情况下有74%的人表示愿意参加养老保险；在有政府补贴的情况下有94%的人表示愿意参加养老保险。他们对保障项目的需求依次为医疗保险、养老保险、最低生活保障及社会救助。

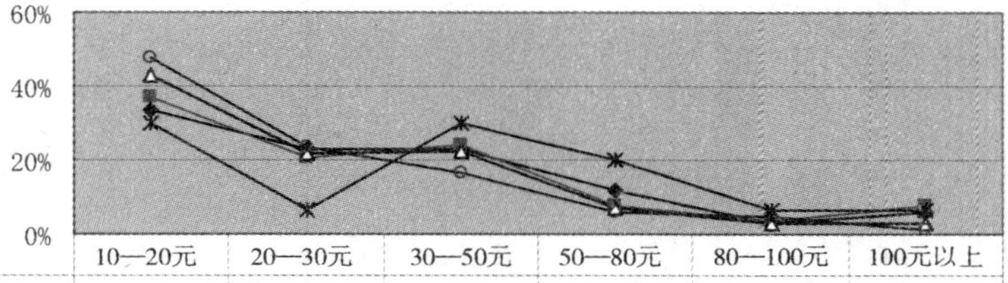

	10—20元	20—30元	30—50元	50—80元	80—100元	100元以上
农转非人员	34%	23%	23%	12%	3%	6%
土地被征用人员	37%	21%	24%	7%	3%	7%
纯农户（粮食作物）	43%	22%	22%	7%	3%	3%
纯农户（经济作物）	48%	24%	16%	6%	5%	1%
村委会	30%	7%	30%	20%	7%	7%

图 6-28　宁夏农村居民分群体意愿缴费额

图 6-28 显示了他们的意愿缴费情况。取各群体的平均数，可发现：农转非人员的月意愿缴费额约为 36 元，土地被征用人员约为 35.7 元，纯农户（粮食作物）约为 30.9 元，纯农户（经济作物）约为 29.5 元，村委会人员约为 43.8 元。农转非人员与村委会人员有较高的意愿缴费额。

综合问卷中其他数据，农转非人员与村委会的收入与结余水平高于其他群体，且他们对于养老责任的意识更多强调政府责任，参加社会养老保险的意愿也更为强烈。

（七）缴费能力设定

评价农民缴费的重要指标是参保人能够缴费部分与人均纯收入的比例。由此我们定义：$M_i = \frac{I_i - E_i}{I_i}$代表第 i 个时期宁夏农村居民最大缴费比例，这里的分子为 i 期的农村人均纯收入减去人均生活消费支出得到农民可支配余额，设为 S_i，它代表了农民在每年收入扣除各种税费实得的纯收入以后进行生活支出的余额。以当期消费后的全部余额作为最大缴费金额除以人均纯收入得到的比例，就可以在很大程度上描述农民的缴费能力。

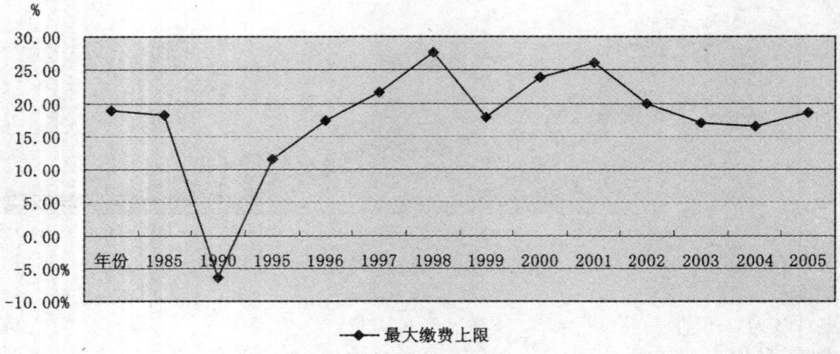

图 6-29　宁夏农民最大缴费上限变化趋势图

从图 6-29 可以看出，宁夏农民的最大缴费上限总体维持在 20% 左右，即最大缴费额度为农村人均纯收入的 20% 左右。从历年的变化趋势图可以看出，最大缴费上限在时间序列上并没有呈现出逐年上升的趋势，而是呈现波浪状起伏。因此，对于宁夏农民的缴费比例的设定应该严格依据他（她）们的意愿缴费额度与最大缴费能力（即缴费上限）进行。

（八）给付水平设定

社会养老保险的特性决定其保障程度是保障参保对象基本的生活消费支出，而食品消费支出是基本生活消费支出的主要方面。考察宁夏食品消费占农村人均纯收入的数据（1985—2009 年），发现宁夏地区食品消费支出占农村人均纯收入的比重在 1996 年达到最大值（约 61%），之后总体呈现出逐年下降的趋势，近几年在 33% 的水平上波动。

综合考虑到未来宁夏各种因素及其变化的影响（如替代率水平、政府财政持续支撑能力、农民参保意愿、农村人口 60 岁的期望余命以及食品消费支出等相关因素），宁夏新型农村社会养老保险的养老金给付水平应设定在农村人均纯收入的 20%—25% 或以其当地农村最低生活保障线的 130% 为宜。

三　宁夏国民生命表及人口预测

（一）宁夏乡村国民生命表

1. 生命表

生命表又称死亡表或寿命表，它是根据一定的调查时期、一定的国家或地区和一定的人群类别（如男性与女性）等实际而完整的数据资料进行统计分析，进而计算一个人口群的分年龄组死亡概率、平均预期寿命等各方面的重要指标，并以表格的形式一一列出，用以表述一个地区、一定时期的人口的发展情况，预测该地区人口的发展趋势的一种重要的人口分析技术。生命表在有关人口的理论研究、某地区或某人口群体的新增人口与全体人口的测算、社会经济政策的制定、寿险公司的保险费及责任准备金的计算等方面都有着极为重要的作用。生命表一般可分为国民生命表和经验生命表两大类。国民生命表是以全国或特定地区的人口为对象，通常是根据人口生存状况统计资料来反映国民死亡和寿命情况的生命表，其资料一般来源于人口普查资料和抽样调查。经验生命表是根据人寿保险、社会保险的实际经验数据而编制的生命表，它考察的是被保险人在一定保险年度内各年龄段的死亡情况。本报告所编制的宁夏回族自治区农村生命表属于国民生命表。

国民生命表可以分为完全生命表和简略生命表两种：完全生命表是指年龄组按1岁1组编制的生命表，完全生命表分组较细，便于使用，是生命表族中在实际应用中的一种主要形式；简略生命表是指年龄组按5岁1组编制的生命表，它具有简略、编制较易以及所需的资料可以较为粗略等优点，可以对一个人口群体的死亡模式做出整体的评估，对一个地区的死亡模式研究有较重要的作用。

2. 生命表的元素

生命表一般由以下七个变量构成，具体如下：

（1）年龄区间［x，x+1）。第一列［x，x+1）为年龄区间，除最后一个年龄区间外，这一列中的每一个区间都由两个确定的年龄值来定义（在简略生命表中，年龄区间是年龄组，往往用闭区间表示，如［1，4］，［5，9］等）。通常，如果最后一个年龄区间的起点为ω，则最后的年龄区间为半开区间［ω，+∞）。

（2）死亡概率 q_x。第二列 q_x 为 x 岁存活的人活到 x+1 岁时的死亡概率。q_x 这一指标是计算其他列数值的基本量。其计算公式将在讲述生命表的编制时给出。

（3）尚存人数 l_x。第三列 l_x 为 x 岁的存活人数，这一列的第一个数 l_0 是任意的，称为“基数”，后面每一个数反映在以基数为 l_0 的前提下 x 周岁时的尚存人数。因此，这列中的数值仅仅是在基数为 l_0 的前提下考虑的，并不代表任何被观察的人口。基数一般取方便的数目，通常设定基数为 100000。

（4）死亡人数 d_x。第四列 d_x 为年龄区间［x，x+1）内死去的人口数。d_x 是生命表上年龄区间［x，x+1）内的死亡数，不同于实际人口死亡数。l_x 和 d_x 列中的数字是由 q_0，q_1，…，q_x 和 l_0 利用下列关系式计算的，即：

$$d_x = l_x \times q_x \quad x = 0,\ 1,\ \cdots,\ \omega \tag{6.1}$$

和

$$l_{x+1} = l_x - d_x \quad x = 0,\ 1,\ \cdots,\ \omega \tag{6.2}$$

从第一个区间开始，x=0 时利用公式 6.1，得到死亡区间［0—1］岁的人数 d_0；利用公式 6.2 得到在这个区间未存活人数 l_1，即 1 周岁时活着的人数，x 取 1 时利用公式 6.1 和公式 6.2 得到与第二个区间相应的数值，依次类推得到第三、四列的所有数值。

（5）生存人年数 L_x。生存人年数 L_x 表示进入年龄区间［x，x+1］的所有人在该区间内的存活年数。这是把尚存人数 $l(y)$ 看作是在区间［x，x+1］内连续变化的函数，以此为基础的生存人年数 L_x 的计算公式为：

$$L_x = \int_x^{x+1} l(y)\,dy \quad x=0,1\cdots,\omega-1 \tag{6.3}$$

根据积分中值定理，可得 Lx 的计算公式为：

$$L_x = (l(x)+l(x+1))/2 = (l_x + l_{x+1})/2 \tag{6.4}$$

又根据公式 6.2 得：

$$L_x = (l_x - d_x + l_x)/2 = l_x - d_x/2 \tag{6.5}$$

（6）x 岁以上生存人年总计 T_x。x 岁以上生存人年总计 T_x 是 l_x 个人在 x 岁后存活年数的总和，这个量是计算期望寿命的基础。其计算公式为：

$$T_x = \int_x^w l(x)\,dx \tag{6.6}$$

或 $T_x = \sum_{i=x}^{w} L_i$

不难看出，T_x 与 T_{x+1} 之间还存在以下关系：$T_x = L_x + T_{x+1}$

（7）平均预期寿命 E_x。E_x 是 x 岁时的期望寿命。这是一个 x 岁的人平均继续生存的年数。由于 l_x 个人还能生存的总年数是 T_x，所以，期望寿命的计算公式：

$$E_x = T_x / l_x \quad x=0,1,\cdots,\omega-1 \tag{6.7}$$

E_x 包括了人们在 x 岁以后的经历，因而，这一列在生命表中非常重要，而且这是生命表中除 q_x 外唯一独立于基数 l_0 的序列。通常，期望寿命随年龄 x 的增加而减少。

3. 国民生命表的编制

编制生命表一般可分两步：第一步，根据原始资料按统计的方法确定各年龄组的死亡概率 q_x；第二步，要选定适当的基数，用来表明所编制的生命表的最低年龄和观察人数，一般起编年龄为 0 岁，人数 l_0 以 10 万为标准，这样根据 l_0 和 q_x 计算出生命表各栏目的函数。其中，死亡率函数的确定是编制生命表最为关键的一步，下面介绍两种有关死亡率函数确定的方法。

第一种方法：中心死亡率法。简略国民生命表死亡率函数的确定通常采用中心死亡率的近似算法，通过计算分年龄中心死亡率来计算。由于0岁人口的死亡率比一岁以上要高，其计算方法也不同，一般使用婴儿死亡率，即平均每1000名出生婴儿中未到1岁的死亡人数。1岁以上人口的死亡概率的计算通过由样本数据求得的分年龄死亡率 ${}_nM_x$ 和死亡人口平均存活年数 ${}_na_x$ 来求得。

求解的公式如下：

$$ {}_nq_x = n \times {}_nM_x / (1 + (n - {}_na_x) \times {}_nM_x \tag{6.8} $$

其中 ${}_nM_x$ 为分年龄死亡率，指在x岁到x+n岁之间人口的死亡率。由在x岁到x+n岁之间的死亡人口 ${}_nD_x$ 除以生存人口 ${}_nP_x$ 计算得出：

$$ {}_nM_x = {}_nD_x / {}_nP_x \tag{6.9} $$

其中 ${}_na_x$ 为死亡人口平均存活年数，指在x岁到x+n岁之间死亡人口存活的平均年数。${}_na_x$ 的大小不取决于年龄区间内死亡的绝对水平，而是取决于死亡人口在x岁到x+n岁之间的年龄分布。如果死亡人口多数集中在年龄区间的前半段，则 ${}_na_x<n/2$；如果死亡人口多数集中在年龄区间的后半段，则 ${}_na_x>n/2$；如果死亡人口在年龄区间内分布是均匀的，那么 ${}_na_x=n/2$。具体计算方法如下：

假定5岁以上的年龄组内死亡人数是均匀分布，死亡人口曲线在该年龄组内为直线。这样对于5岁以上的 ${}_na_x$ 值可取区间长度中值，如果n=5，则：

$$ {}_na_x = n/2 = 2.5 \tag{6.10} $$

（x=5，…，99）

对于1—4岁值 ${}_na_x$ 的计算，完全采用寇尔—德曼西区模型生命表中 a 值的计算公式，见下表：

表 6-9　　　　寇尔-德曼西区模型生命表中 a 值

	q_0>0. 100 时		q_0<0. 100 时	
	男	女	男	女
$_4a_1$	1. 352	1. 361	1. 653-3. 013× q_0	1. 524-1. 672×q_0

资料来源：翟振武：《常用人口统计公式手册》，中国人口出版社 1993 年版。

对于简略生命表中最后一个年龄区间，我们将其死亡概率设为 1，强制退出生命表，如在宁夏农村国民生命表中 100 岁及 100 岁以上人口的死亡概率为 1，生存概率为 0。

第二种方法：自修正迭代法。自修正迭代法由国际知名数理人口学家、著名系统工程专家蒋正华教授在 20 世纪 80 年代中期提出，简称 JPOP-1 算法，为中国乃至世界各国认可生命表研制奠定了坚实的科学基础。利用这种算法可以直接利用某次人口普查的数据制作出完全生命表，主要原理如下：

首先引出与死亡概率相对应的一个概念——存活概率 SR_x，容易得出 $q_x=1-SR_x$ 的关系式。因此，我们就可以通过求各年龄组的存活概率来求得死亡概率，并以此为基础求出生命表其他指标。编制完全生命表的关键就转化为求存活概率 SR_x。自修正迭代法正是求取存活概率 SR_x 的计算方法，现对算法中的符号做如下说明：

各年龄组的存活概率为 SR_x（x=0，1，…，ω-1），并任取（0，1）之间的值。$P_{x-1,t-1}$表示 t-1 年 x-1 岁人口的平均数量。$P'_{x,t}$表示 t 年 x 岁人口的平均数量。综合以上已知条件，则有：

$$P_{x,t}=P_{x-1,t-1}\times SR_{x-1} \tag{6.11}$$

进而导出：$P_{x-1,t-1}$，$P_{x,t}/SR_{x-1}$ 由此公式我们可以估算出 $P_{x-1,t-1}$ 的值。

另有：

$$P'_{x-1,t}=P_{x-1,t-1}+P_{x-1,t}/2 \tag{6.12}$$

由此我们可以推算出 SR_x 的新值，即：

$$SR_{x-1}^{1}=1-D_{x-1,t-1}/P'_{x-1,t} \tag{6.13}$$

再用新求出的 SR_{x-1}^{1} 代替原来的 SR_{x-1}^{0}，反复利用以上公式进行迭代计算，直到 SR_{x-1}^{1} 和 SR_{x-1}^{0} 差值小于 10^{-5}，就得到各年龄组存活概率真值。

计算过程如图 6-30 所示：

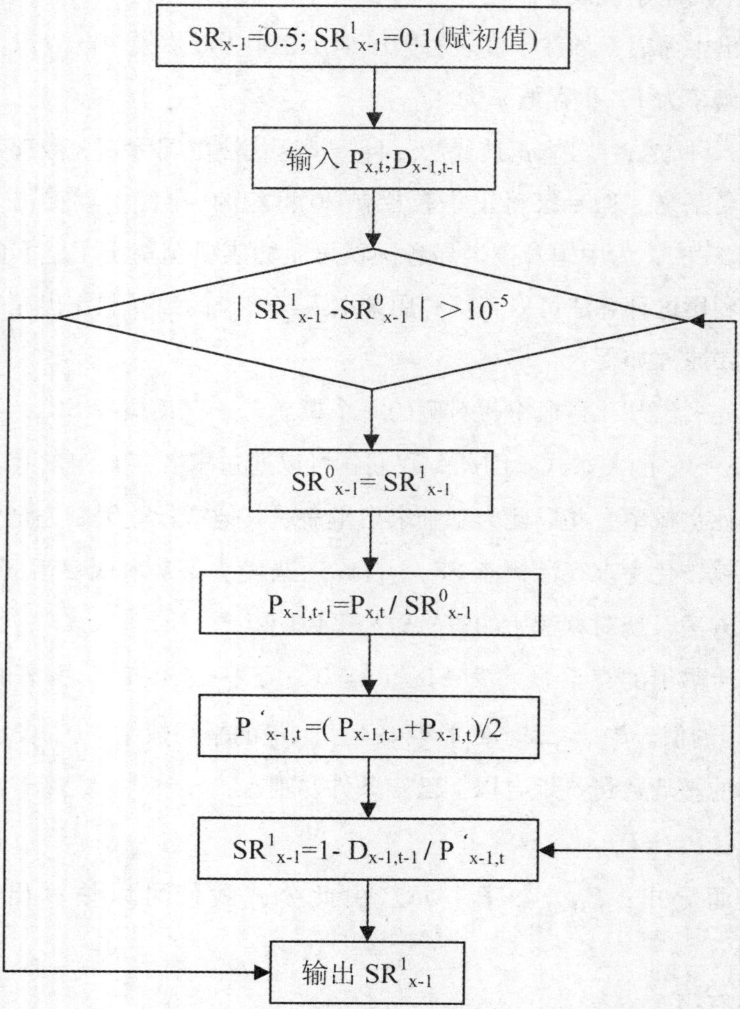

图 6-30　生命表概率值

而对于生命表中最后一个年龄区间，和简略表的做法一样，我们将其死亡概率设为1，生存概率为0。

本部分报告所编制的宁夏省农村国民生命表的数据来源是2000年中国第五次全国人口普查数据，采用《宁夏回族自治区2000年人口普查资料》中县（除市、镇外）分年龄、性别的死亡人口状况数据编制。编制方法为自修正迭代法（JPOP-1法）。（详见附表）

从男女分性别的死亡率对比图来看，在65岁以前，死亡率基本上是随着年龄的增长缓慢增加，而在65—70岁年龄段之后，男女性的死亡率开始显著升高，男性的死亡率要普遍略高于女性（在93岁以后例外）。因为60岁以后进入领取期，60岁的余命就显得尤为重要，从生命表的结果来看，宁夏乡村男性60岁的余命为17.76324岁，而女性60岁的余命为18.89844岁。

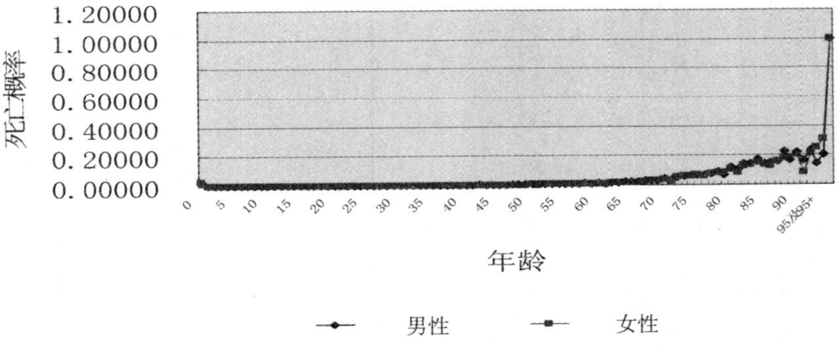

图6-31　宁夏乡村男女分性别死亡率对比图

（二）宁夏未来农村封闭人口预测

未来农村封闭人口预测，是指在不考虑农村人口迁移因素影响对未来农村人口结构的预测。本部分以2000年全国第五次人口普查提供的各年龄人口数据为期初数据，通过生育率、0岁以上人口数测算以及农村0岁人口数的计算，得到对未来若干年人口总数的预测值。预测封闭人口时只需考虑死亡率和出生率两个因素。

1. 乡村0岁以上人口数预测

以2000年第五次人口普查各年龄人口数据为期初数据，测算未来各年乡村0岁以上（不含0岁）人口时，要确定各年龄人口的死亡率（或生存率）。根据死亡规律假设，未来乡村分年龄人口死亡率与2000年乡村国民生命表确定的死亡概率一致。

若以 $P_{2000,x}$ 表示2000年 x 岁（$x \geqslant 0$）的人口数，D_x 表示 x 岁人口的死亡人数，d_x 表示乡村国民生命表中 x 岁人口的死亡概率，则2001年 $x+1$ 岁的人口数为：

$$P_{2001,x+1} = P_{2000,x} - D_{2000,x} = P_{2000,x} \times (1-d_x)$$

2000年宁夏回族自治区第五次人口普查时0岁县级乡村人口为66010，1岁县级乡村人口为56563，宁夏乡村国民生命表确定的0岁人口的死亡率为0.02823，1岁人口的死亡率为0.00340，则2001年宁夏县级乡村1岁人口数为：

$$\begin{aligned} P_{2001,1} &= P_{2000,0} - D_{2000,0} = P_{2000,0} \times (1-d_0) \\ &= 66010 \times (1-0.02823) \\ &= 64147\ (\text{人}) \end{aligned}$$

2001年宁夏县级乡村2岁人口数为：

$$\begin{aligned} P_{2001,2} &= P_{2000,1} - D_{2000,1} = P_{2000,1} \times (1-d_1) \\ &= 56563 \times (1-0.00340) \\ &= 56371\ (\text{人}) \end{aligned}$$

以此类推，运用年龄移算法可以算出2001年及未来若干年内0岁以上年龄人口数。

2. 乡村0岁人口数预测

运用上述年龄移算法可以预测出0岁以上人口，现在我们来讨论0岁人口数预测方法。0岁人口数即为出生人口数，通常可用15—49岁育龄妇女数和育龄妇女生育率乘积得出。

生育率的计算方法如下：以 B_t 表示 t 年出生人数，$W_{t,x}$ 表示 t 年 x 岁的妇女人数，R_t 表示 t 年妇女生育率，则：

$$B_t = \sum_{x=15}^{49} W_{t,x} \times R_t \qquad (15 \leqslant x \leqslant 49)$$

$$R_t = B_t / \sum_{x=15}^{49} W_{t,x} \qquad (15 \leqslant x \leqslant 49)$$

由于女婴数与未来育龄妇女数有关，所以，在计算出生人口时还应求出女婴数。

育龄妇女数计算方法如下：由于0—14岁的女性人口与未来育龄妇女数有关，在计算育龄妇女数时0—14岁女性人口也要计算。以2000年人口普查乡村女性人口数为期初数据，根据乡村女性国民生命表各年龄人口死亡率，运用年龄移算法，首先测算出2001年乡村1—49岁各年龄段的女性人口数，然后计算出2001年0岁女性人口，从而得到2001年0—49岁各年龄女性人口数。以此类推，算出未来若干年内乡村0—49岁各年龄段的育龄妇女人口数。

因此，在假设生育率不变时（设 $R_t = R_{2000}$）乡村出生人口数的计算公式为：

$$B_{y,0} = ml_{x[0]} + fl_{x[0]} = \sum_{x=15}^{49} fl_{x[y-1][i]} \times R_{2000}$$

通过以上方法，对宁夏回族自治区未来的封闭人口预测结果如图6-32—图6-34所示：（详见附表4）

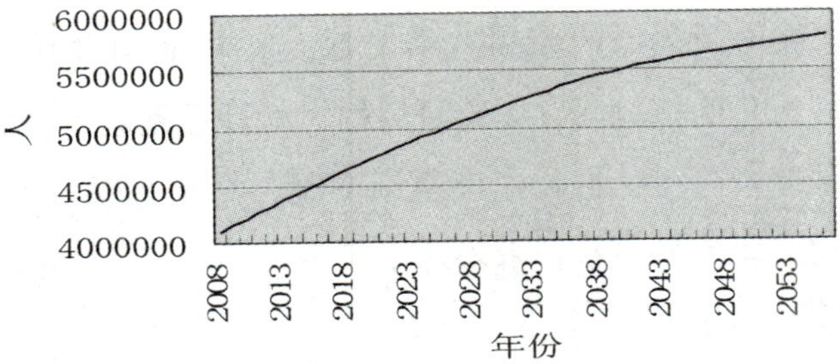

图6-32　宁夏回族自治区未来乡村总封闭人口预测

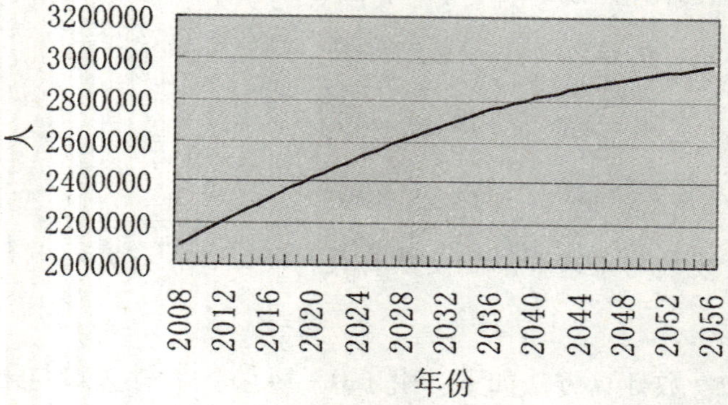

图 6-33　乡村男性封闭人口预测

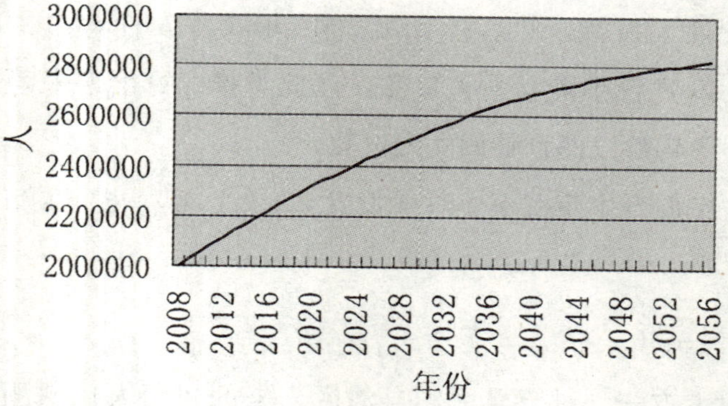

图 6-34　乡村女性封闭人口预测

从宁夏未来乡村人口的预测结果来看，未来近 50 年中，在不考虑人口迁徙和城市化的情况下，无论是男性、女性还是总人口，其未来的增长趋势都是逐渐趋缓，增长速度逐渐变慢。但从 60 岁以上人口占总人口百分比的变化趋势上看，未来几十年内，宁夏老龄化的趋势十分明显，60 岁以上人口占总人口的比例呈逐年上升的趋势。到 21 世纪中叶，宁夏乡村老龄人口的比例将达到 20% 以上，即每 5 个乡村人口中就有 1 个老年人，人口老龄化将十分严重。

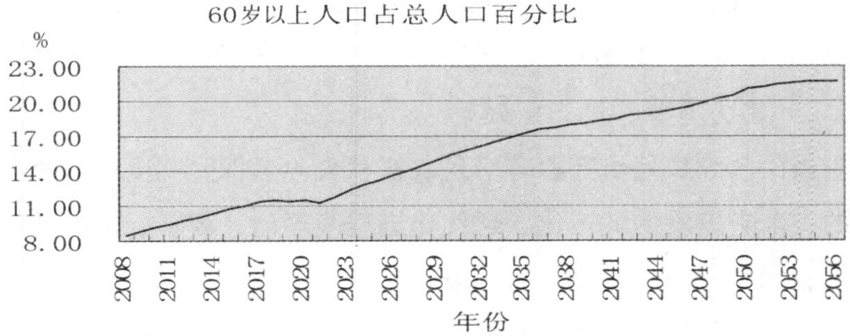

图 6-35　宁夏乡村未来老龄化趋势图

第六节　宁夏新型农村社会养老保险参保、领取及财政投入预测

一　设计原则

在新时期探索与发展宁夏新型农村社会养老保险制度应当遵循以下原则：

（一）结合区情，非均衡推进

应当在宁夏农村区域社会经济发展的框架指导下，在详细比较和分析宁夏农村区域的多层次性、农业结构的多样性以及各种资源的差异性的基础上，结合自然禀赋、人口与社会经济等多元因素特征，探索2020年覆盖宁夏城乡居民的、与农村经济发展水平相适应的、非均衡可持续推进的新型农村社会养老保险制度。要将宁夏不同农村居民群体纳入到新型农村社会养老保险制度体系之内，其中，尤其以返乡农民工、计生户、失地农民、纯农户四大群体为代表。例如：在农民工的社会养老保险方面，必须建立方便转移的弹性政策，一部分人与完善后的城保接轨，另一部分则转移到新型农村养老保险制度之内；在计生户养老保险方面，制定有利于农村独生子女和双女户家庭参保的优惠政策，落实计划生育政府专项补贴资金，引导和鼓励独生子女和双女户家庭父母参保。

（二）多方并举，动态把握

应当深入细致地研究原有宁夏农村社会养老保险制度的利弊，结合传统的、渐进发展的城市化、现代化进程等理论，客观、全面地分析旧农保的制度变迁历程，并结合宁夏当前农村区域社会经济发展的现状，以动态的视野把握宁夏新型农村社会养老保险制度发展的系统化理论与方法，从定量的角度研究、挖掘与其经济社会发展的关联模式与层次。要重视并认真对待探索建立宁夏新型农村社会养老保险制度带来的一系列新问题，引进科学的、先进的方法与技术，在新型农村养老保险制度的个人账户测算、制度与模式安排、有限财政责任界定与投入结构、基金运营与风险管理、制度评估分析等方面，构筑先进的精算与风险评估工具，并通过计算机模式识别与仿真技术，最终形成高效、智能化的农保软件，实现新型农保从个人账户、基金运营到风险管理和评估的“链式”研究，坚持“研究范式的国际化，研究内容的本土（区情）化，研究目标的路径化”，实现新型农保从理论研究、局部探索、样板试点到集约化、规模化发展的全国性发展的飞跃。

（三）消除制度差异，促进制度衔接

应当认清宁夏新型农村社会养老保障制度探索与建立的历史地位，既重视与其他养老保障措施的配套与衔接，又要坚定新型农村社会养老保险制度不可替代的作用，明确“城乡社会保障统筹”不是简单的“城乡社会保障统一”。其中，消除城乡制度之间的诸多差异，努力促进城乡基本养老保险制度的衔接与转化，实现基本养老保险制度的城乡协调与均衡，是统筹城乡经济社会发展的必然要求。

二　“有限财政”责任下的制度安排

（一）“有限财政”责任下的制度安排

1. “有限财政”含义

所谓“有限财政”就是指政府为农保提供保险费补贴和承担养老金支付风险的在特定人群与特定时段内的一种限额限时责任，它是基于我国农村人口结构、人口发展阶段、人口变动特征、未来我国城乡经济发展的区域特征和中央财政转移支付能力的发展预测分析等因素，在科学的精算和预测方法下进行测算，可确保政府的财政责任在有限的时段内安全、无风险地度过人口未来的养老金领取高峰期。这一责任在一个合理的分担机制下由中央和地方进行分担。

2. 基于“有限财政”理念下的宁夏新型农村养老保险制度创新

对基于“有限财政”的宁夏新型农村养老保险制度创新可以从以下五个方面理解：第一，农村养老保险属于缴费型社会保险，政府必须承担应有的责任，但是政府的责任是有限的、适当的，对未来发生的风险必须可以掌控；第二，尽可能覆盖全体农业劳动者，尤其重点解决宁夏农村1950—1958年及1962—1973年的两次生育高峰期出生的人群的养老问题，因此，近期内选定的参保对象重点在45周岁以上，并逐步进行推进；第三，政府的责任负担是有时间段的，财政预算要能够保证养老金支付在未来30—40年不出风险，使新型农村养老保险制度中数量最大、最有影响的人群安然度过养老期；第四，农村人口还有8—10年左右的人口红利，要通过政府有限责任的引导和带动，抓住这个时机，促进宁夏全面建立新型农村养老保险制度；第五，在宁夏有限财政责任农保制度施行期间，要不断地进行农村劳动力转移和分化，不断地将保险关系迁转至城镇职工基本养老保险制度之中（不排除也有部分城市基本养老保险关系转移到农村的情况），从而也使得政府的财政投入责任随之不断地减少，这样更加有利于政府有限财政责任农保制度的实现，届时将很可能实现社会养老保险的城乡统一。

（1）有限的缴费水平。“有限财政责任”理论的提出考虑到了农村居民的缴费能力较低的现实情况。现行城镇职工养老保险个人缴费比例为工资总额的 8%。考虑到农村居民养老保险与城镇职工基本养老保险的接轨，建议在“有限财政责任”理念下的农村居民养老保险的缴费水平为当地农村居民人均纯收入的 8%，个人缴费部分全部计入个人账户。

（2）有限的保障水平。本研究报告综合研究表明，以高于宁夏农村低保水平线的 30% 或制度制定当年的人均农村纯收入的 20%—25% 作为年养老金领取标准是较为适度的可持续发展的选择。

（3）有限的财政投入仿真分析。本研究报告仿真分析表明，宁夏新型农村养老保险制度实施当年（2010 年）需要约 11950 万元的财政支出，约占当年自治区财政收入的 1.43%；基于“有限财政”下财政投入总额及投入比重前两年的投入比重最高，但以后会逐年降低，在 2014—2015 年覆盖到农民居民的 90% 以上；基金的单年结余虽然在 2046 年将出现负值（2.5% 利率水平），但基金滚存总额将始终以较平稳的态势持续增长到 2050 年以后。

因此，在“有限财政责任”理念下，就宁夏来说，农村养老保险基金只要可以平稳运营到 2050 年以后，则两次生育高峰出生的人将顺利度过养老金领取期；而且，经过城乡一体化的发展，到 2050 年，宁夏的农村人口将大大减少，城乡一体化的社会保障体系将基本形成，农村社会养老保险将完成其历史使命。

经测算，财政按农村人均纯收入的 3% 进行投入时基本满足“有限财政”理念下的农村养老保险制度对政府财政投入的要求。财政投入总额最高的年份其占财政收入的比重也未超过 1.5%。

（二）财政责任的层级分担

在有限财政理念下的宁夏新型农村社会养老保险制度的构建，应首先重点保障45周岁及以上年龄农村居民。在“2020年制度全覆盖”的制度发展目标下，根据设定的参保率水平、利率，及制度“进口”、“出口”补贴标准，我们测算出不同年份财政投入的总额以及各年度财政投入总额占财政收入的比重，具体如图6-36所示。

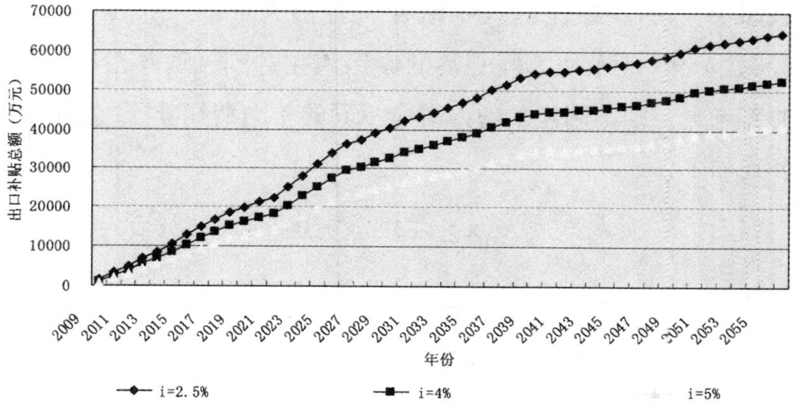

图6-36　“有限财政”理念不同利率水平下政府补贴总额

财政投入责任应该实现各级政府的合理分摊。考虑到宁夏各市县级财政的实际支付能力以及宁夏各级的社会经济状况，建议作为国家农村社会养老保险制度的试点，按中央财政、宁夏省市县级财政分别以1∶1的比例来合理分担财政投入。在这样的财政分担机制下，宁夏省级财政以及市县级财政实际只需支付财政投入总额的50%，且随着时间的推移，投入比例逐年下降。

三　有限财政理念下宁夏农村养老保险制度安排

（一）参保对象

在“有限财政”理念下，为减少个人缴费额度与政府财政投入额度，我们建议参保人从45岁进入参保，缴费满15年后开始领取；在45岁之后进入的参保人则相应提高每年的缴费额度以在60岁时达到平衡。

所缴保险费以个人账户形式进行积累。由于男女预期寿命存在差异，因此建议对男女参保人分开参保。

（二）缴费

45岁进入的参保人以制度实施上一年的农村人均纯收入的8%为标准，进入年龄大于45岁的则相应提高缴费标准。

假如45—59岁参保的人年缴保费分别为A45，A46，A47，A48，…，A58，A59。为了使不同年龄的参保人在达到领取年龄时可以领取相等的养老金，则不同年龄的人对应不同的年缴费标准，i为利率水平。计算公式如下：

$$A_{45}\times\sum_{n=1}^{15}(1+i)^n=B1$$

$$A_{46}\times\sum_{n=1}^{14}(1+i)^n=B1$$

$$A_{47}\times\sum_{n=1}^{13}(1+i)^n=B1$$

$$\cdots$$

$$A_{58}\times\sum_{n=1}^{2}(1+i)^n=B1$$

$$A_{59}\times\sum_{n=1}^{1}(1+i)^n=B1$$

表6-10 宁夏地区历年农村人均纯收入

年份	1978	1980	1985	1990	1991	1992	1993
农村人均纯收入（元）	115.9	178.06	325.88	594.28	578.13	591.01	636.39
年份	1994	1995	1996	1997	1998	1999	2000
农村人均纯收入（元）	866.97	998.75	1397.8	1512.5	1721.17	1754.15	1724.30
年份	2001	2002	2003	2004	2005	2007	2009
农村人均纯收入（元）	1823.05	1917.36	2043.30	2320.05	2508.89	2760.14	3100

如2010年制度实施时，缴费标准为2009年农村人均纯收入的8%。2009年宁夏农村居民家庭人均纯收入为3100元。测算不同利率水平下，不同年龄段参保人对应的年缴费额度如表6-11所示：

表 6-11　　不同利率水平下各年龄段参保人年缴费额度

年龄	缴费额度				
	i=2.5%	i=3.6%	i=4%	i=4.5%	i=5%
45 岁	248	248	248	248	248
46 岁	269	271	271	272	273
47 岁	294	297	299	300	302
48 岁	322	328	330	333	336
49 岁	356	365	368	372	377
50 岁	397	409	414	419	425
51 岁	447	463	469	477	485
52 岁	509	531	539	550	560
53 岁	589	618	629	643	657
54 岁	696	734	749	767	787
55 岁	846	897	917	942	968
56 岁	1071	1142	1169	1205	1242
57 岁	1446	1550	1591	1643	1698
58 岁	2196	2368	2434	2521	2610
59 岁	4447	4821	4966	5154	5351

（三）领取

基于有限财政的理念，领取的养老金仅用于保证稍低于平均生活水平的基本生活支出。建议以高于低保线的 30% 为年领取标准。宁夏地区以年收入在 683 元以下的家庭为低保户，683 元上浮 30% 为 888 元。与表 6-12 宁夏地区农村居民家庭平均每人生活消费支出进行比较，宁夏地区农村家庭平均每人用于食品消费支出的额度为 922.54 元，从这一点可以发现每年养老金给付 888 元的标准可以保证稍低于平均生活水平的基本生活支出。

表 6-12　　宁夏地区农村居民家庭平均每人生活消费支出（2009 年）

项　　目	数　　量
食品消费支出	922.54
衣着	143.09
居住	345.93
家庭设备、用品及服务	77.16
医疗保健	198.84
交通和通信	178.47
文化教育娱乐用品及服务	177.90
其他商品和服务	50.55
生活消费支出合计	2094.48

（四）财政补贴

政府的财政补贴分为两部分：缴费期间政府财政进口补贴，用于提高农民的参保积极性；领取期的政府财政出口补贴，用于补齐个人账户积累额度的能够领取期限与平均预期寿命应领期限之间的差额。

1. 财政进口补贴

针对 45 岁进入的参保人，政府财政以制度实施当年的农村人均纯收入的 3% 为标准进行补贴，进入年龄大于 45 岁的则相应提高补贴标准。财政的进口补贴只针对尚存的参保人，若参保人在缴费期间死亡的，财政进口补贴即停止。政府进口补贴同样进入个人账户（个人账户由 B1 与 B2 组成）。

假如 45—59 岁参保的人年缴保费分别为 C_{45}，C_{46}，C_{47}，C_{48}，…，C_{58}，C_{59}。为了使不同年龄的参保人在达到领取年龄时可以得到等额的财政补贴，则不同年龄的人对应不同的补贴标准，i 为利率水平。计算公式如下：

$$C_{45} \times \sum_{n=1}^{15} (1+i)^n = B2$$

$$C_{46} \times \sum_{n=1}^{14} (1+i)^n = B2$$

$$C_{47}\times\sum_{n=1}^{13}(1+i)^{n}=B2$$

…

$$C_{58}\times\sum_{n=1}^{2}(1+i)^{n}=B2$$

$$C_{59}\times\sum_{n=1}^{1}(1+i)^{n}=B2$$

表 6-13　　不同利率水平下各年龄段参保人年财政补贴额度

年龄	补贴额度				
	i=2.5%	i=3.6%	i=4%	i=4.5%	i=5%
45 岁	93	93	93	93	93
46 岁	101	102	102	102	102
47 岁	110	111	112	113	113
48 岁	121	123	124	125	126
49 岁	134	137	138	140	141
50 岁	149	153	155	157	160
51 岁	168	174	176	179	182
52 岁	191	199	202	206	210
53 岁	221	232	236	241	246
54 岁	261	275	281	288	295
55 岁	317	336	344	353	363
56 岁	402	428	439	452	466
57 岁	542	581	597	616	637
58 岁	824	888	913	945	979
59 岁	1668	1808	1862	1933	2007

2. 财政出口补贴

政府出口补贴用于补齐个人账户积累额度的能够领取期限与平均预期寿命应领期限之间的差额。个人账户由实施当年农村人均纯收入的个人缴纳的 8% 与政府财政补贴的 3% 构成，领取标准为年领取 888 元，在不同利率水平下，个人账户积累额可以支付的年限如表 6-14 所示：

表 6-14　　不同利率水平下个人账户可以支付年数

不同利率水平下个人账户可以支付年数				
i=2.5%	i=3.6%	i=4%	i=4.5%	i=5%
7.86 年	9.23 年	9.83 年	10.69 年	11.70 年

计算公式如下所示：

$$888\times[1/(1+i)+1/(1+i)^2+1/(1+i)^3+\cdots+1/(1+i)^n]=B1+B2$$

根据生命表（生命表具体测算介绍在下章进行）计算发现，宁夏地区男性 60 岁平均余命为 17.76 岁，女性 60 岁平均余命为 18.90 岁，男女混合的 60 岁平均余命为 18.30 岁。因此在不同利率水平下，政府财政分别要补贴不同年数，具体如表 6-15 所示：

表 6-15　　不同利率水平下财政补贴差额年数

	年数				
	i=2.5%	i=3.6%	i=4%	i=4.5%	i=5%
男性	9.90	8.53	7.93	7.07	6.06
女性	11.04	9.67	9.07	8.21	7.20
混合	10.44	9.07	8.47	7.61	6.60

考虑到财政风险的均摊，建议政府财政对每一个参保人的出口补贴总额在 60 岁平均余命的年数内均匀分摊。又因为出口补贴是在整数年内完成的，因此取小于 60 岁平均余命 E60 的最大整数 E60’（如男性的 60 岁平均余命为 17.76 年，则补贴 17 年，函数表示为 E60’= int（E60）），财政应补贴差额年数为 N2，则一参保人进入 60 岁后，政府每年对其补贴的额度 D2（出口补贴）计算公式为：

$$888\times N_2/E_{60}'=D2$$

表 6-16　　不同利率下对单个领取人每年财政出口补贴额度

	i=2.5%	i=3.6%	i=4%	i=4.5%	i=5%
男性	517	446	414	369	316
女性	545	477	448	405	355
混合	515	448	418	375	325

因为政府出口补贴部分进入统筹基金，是用于补齐个人账户积累额度的能够领取期限与平均预期寿命应领期限之间的差额的。因此无论该领取人在之后是否死亡，只要其进入 60 岁领取年龄，政府就应在今后的 E60’ 年内每年等额补贴。

四　参保与领取人数预测

（一）参保人数预测

从调研数据可以得知，参保意愿与参保人年龄成正比。基于假设的分年龄参保率可以进行参保人数的预测（参保率可以更改，根据特定的参保率软件可以做不同结果的预测）。

表 6-17　　设定的分年龄参保率水平

年龄	45 岁	46 岁	47 岁	48 岁	49 岁	50 岁	51 岁	52 岁
参保率	0.25	0.3	0.35	0.4	0.45	0.5	0.5	0.5
年龄	53 岁	54 岁	55 岁	56 岁	57 岁	58 岁	59 岁	
参保率	0.5	0.5	0.5	0.5	0.6	0.8	0.9	

表 6-18　　各年龄尚存率

年龄	45 岁	46 岁	47 岁	48 岁	49 岁	50 岁	51 岁	52 岁
男性	0.99746	0.99733	0.99677	0.99627	0.99646	0.995	0.99582	0.99435
女性	0.99808	0.99812	0.9976	0.99702	0.99732	0.99546	0.99664	0.9953
年龄	53 岁	54 岁	55 岁	56 岁	57 岁	58 岁	59 岁	
男性	0.99543	0.99374	0.99392	0.99287	0.99233	0.99047	0.99091	
女性	0.9956	0.99434	0.99457	0.99422	0.99334	0.99232	0.99264	

表 6-19　　2010 年各年龄段分性别人数

年龄	45 岁	46 岁	47 岁	48 岁	49 岁	50 岁	51 岁	52 岁
男性	31588	27254	11483	16578	12713	18976	20604	20119
女性	30722	26368	11355	15359	12016	17169	20058	20255
年龄	53 岁	54 岁	55 岁	56 岁	57 岁	58 岁	59 岁	
男性	22168	19951	18072	19923	15412	18338	15572	
女性	21462	19900	17225	19086	15422	18006	14473	

表 6-20　　历年 45 岁人口数预测结果

年份	2010	2011	2012	2013	2014	2015	2016	2017	2018	2019
男性	29956	30479	27145	35138	31164	36859	30227	33158	33638	33106
女性	28480	30801	26692	34283	31123	36161	29404	32522	32327	32249
年份	2020	2021	2022	2023	2024	2025	2026	2027	2028	2029
男性	34514	34286	28690	30500	29441	33988	30634	37126	31668	34816
女性	33357	33402	28392	32382	30267	35916	30760	36508	30850	33865
年份	2030	2031	2032	2033	2034	2035	2036	2037	2038	2039
男性	35481	38183	42057	40835	42039	48465	39500	40644	38688	36775
女性	34800	37101	41350	39960	40610	46964	37824	38909	37658	35315
年份	2040	2041	2042	2043	2044	2045	2046	2047	2048	2049
男性	37733	34990	34801	35767	27570	31037	31714	32415	33133	33789
女性	35952	33141	32738	33602	25364	28999	29632	30287	30958	31571
年份	2050	2051	2052	2053	2054	2055	2056			
男性	34605	35161	35760	36412	37151	37805	38491			
女性	32334	32853	33413	34022	34712	35323	35964			

2010 年每个年龄段的参保人数为各年龄段总人数乘以各年龄参保率，2011 年各年龄参保人数为 2010 年已参保的活着进入下一年的，另一部分为 2010 年没有参保的并且没有死亡的人进入下一年，以下一年龄段的参保率参保的。以此类推，即下一期各年龄段参保人数 = 上一期各年龄段参保人数尚存的+上一期没有参保的且尚存的进入下一年以下一年龄段参保率参保。

1. 历年男性参保总人数以及覆盖率预测

基于设定的分年龄参保率水平、各年龄尚存率、2010 年各年龄段分性别人数以及历年 45 岁人口数数据，根据既定的参保人数计算方法，可以测算出 2010—2056 年总参保人数以及覆盖率（总参保人数与应参保人数之比）。

（1）男性参保总人数预测。

表 6-21　　历年男性参保总人数

年份	2010	2011	2012	2013	2014	2015	2016	2017	2018	2019
参保人数	233682	256883	269704	283206	294111	304043	315517	326806	339960	358965
年份	2020	2021	2022	2023	2024	2025	2026	2027	2028	2029
参保人数	374720	395306	400153	400414	400872	402356	403101	408284	406081	408145
年份	2030	2031	2032	2033	2034	2035	2036	2037	2038	2039
参保人数	405675	410445	414463	419311	425907	433692	441492	454167	464305	474105
年份	2040	2041	2042	2043	2044	2045	2046	2047	2048	2049
参保人数	478885	485402	484932	488921	487664	484650	478547	468773	460349	451277
年份	2050	2051	2052	2053	2054	2055	2056			
参保人数	437027	431698	426014	422793	422020	421055	423288			

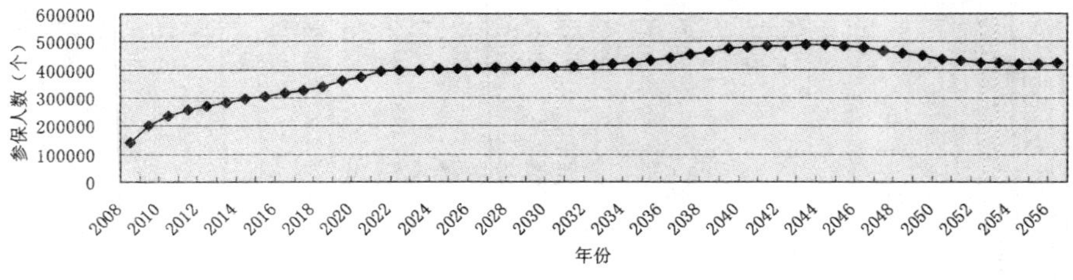

图 6-37　历年男性参保总人数趋势变化图

男性参保人数在前几年有逐渐上升的趋势，在 2020 年后基本保持平稳。

（2）男性参保覆盖率预测。

表 6-22　　男性参保覆盖率预测

年份	2010	2011	2012	2013	2014	2015	2016	2017	2018	2019
覆盖率	74.82%	78.79%	81.21%	81.38%	82.10%	81.72%	82.75%	83.14%	83.55%	84.27%
年份	2020	2021	2022	2023	2024	2025	2026	2027	2028	2029
覆盖率	84.63%	85.21%	86.07%	86.33%	86.65%	86.25%	86.41%	85.77%	85.90%	85.70%
年份	2030	2031	2032	2033	2034	2035	2036	2037	2038	2039
覆盖率	85.36%	84.98%	84.26%	84.01%	83.84%	83.08%	83.74%	84.32%	84.98%	85.72%
年份	2040	2041	2042	2043	2044	2045	2046	2047	2048	2049
覆盖率	86.05%	86.63%	86.92%	87.09%	88.06%	88.27%	88.21%	87.92%	87.57%	87.15%
年份	2050	2051	2052	2053	2054	2055	2056			
覆盖率	86.55%	86.18%	85.80%	85.48%	85.22%	84.96%	84.79%			

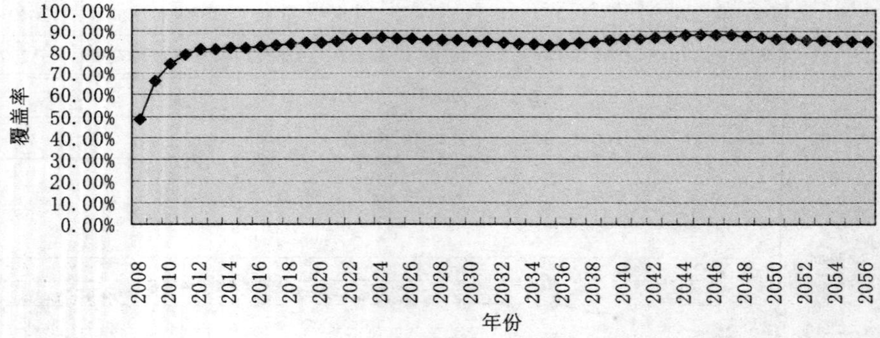

图 6-38　男性参保覆盖率预测

男性参保覆盖率在 2012 年后基本保持在 85% 左右，且之后的参保率水平相对较稳定。

2. 历年女性参保总人数以及覆盖率预测

（1）女性参保总人数预测。

表 6-23　　　　女性历年参保总人数预测

年份	2010	2011	2012	2013	2014	2015	2016	2017	2018	2019
参保人数	226184	248576	261705	275587	286304	296659	307698	319138	333497	352705
年份	2020	2021	2022	2023	2024	2025	2026	2027	2028	2029
参保人数	369008	389217	394272	395293	397526	401238	402481	408668	407335	409231
年份	2030	2031	2032	2033	2034	2035	2036	2037	2038	2039
参保人数	406893	411813	415707	420988	427449	435192	442525	454162	461281	469083
年份	2040	2041	2042	2043	2044	2045	2046	2047	2048	2049
参保人数	470669	475674	474143	477244	475046	470790	463747	452564	442887	433022
年份	2050	2051	2052	2053	2054	2055	2056			
参保人数	417862	411910	405581	401053	399378	397744	399386			

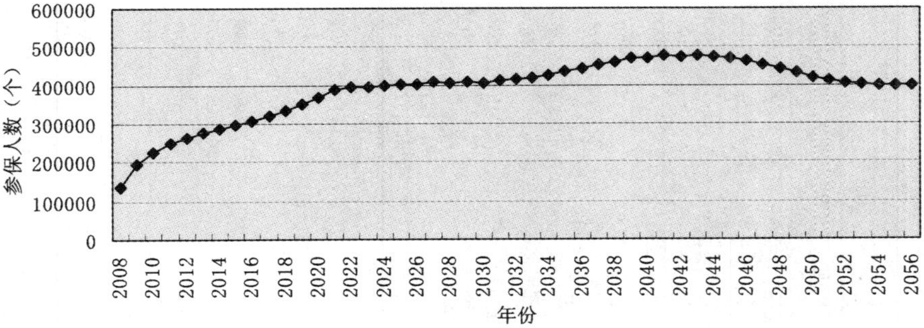

图 6-39　女性历年参保总人数预测

（2）女性参保覆盖率预测。

表 6-24　　　　女性参保率预测

年份	2008	2009	2010	2011	2012	2013	2014	2015	2016	2017
参保率	48.54%	66.87%	74.96%	78.62%	81.02%	81.23%	81.84%	81.50%	82.57%	82.98%
年份	2018	2019	2020	2021	2022	2023	2024	2025	2026	2027
参保率	83.55%	84.29%	84.71%	85.26%	86.04%	85.96%	86.23%	85.68%	85.97%	85.56%
年份	2028	2029	2030	2031	2032	2033	2034	2035	2036	2037
参保率	85.87%	85.79%	85.50%	85.19%	84.45%	84.23%	84.12%	83.42%	84.12%	84.70%

续表

年份	2038	2039	2040	2041	2042	2043	2044	2045	2046	2047
参保率	85.22%	85.91%	86.20%	86.80%	87.13%	87.32%	88.33%	88.53%	88.46%	88.14%
年份	2048	2049	2050	2051	2052	2053	2054	2055	2056	
参保率	87.76%	87.33%	86.69%	86.30%	85.90%	85.55%	85.26%	84.98%	84.80%	

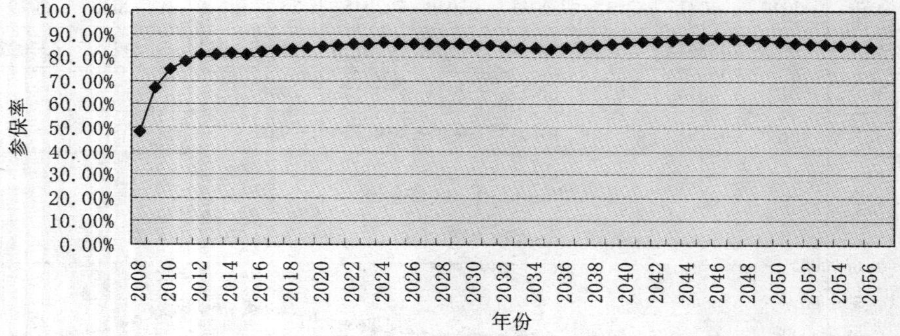

图 6-41　女性参保率预测

（二）领取人数预测

参保人进入 60 岁之后即进入领取阶段，根据生存规律，每年领取人都有自然死亡情况。制度在 2010 年实施，在 2011 年有第一批进入的领取人。

1. 男性领取人数预测

表 6-25　男性领取人预测

年份	2011	2012	2013	2014	2015	2016	2017	2018	2019	2020
领取人数	45637	64076	80346	98003	117241	134004	150722	165326	173623	184939
年份	2021	2022	2023	2024	2025	2026	2027	2028	2029	2030
领取人数	191000	210940	233864	254989	274701	294046	309472	331190	348392	369819
年份	2031	2032	2033	2034	2035	2036	2037	2038	2039	2040
领取人数	384026	400089	415398	429298	443499	456526	463477	471205	477065	486575

续表

年份	2041	2042	2043	2044	2045	2046	2047	2048	2049	2050
领取人数	492065	503153	508372	515957	523046	532007	543802	553991	564662	580894
年份	2051	2052	2053	2054	2055	2056				
领取人数	588034	596098	601659	605311	609459	610793				

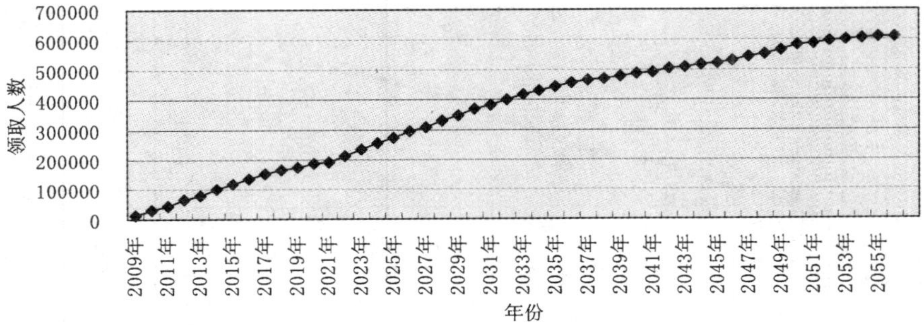

图 6-41　男性领取人预测

男性领取人数呈现逐年上升的趋势，在 2050 年后基本保持平稳。这是因为随着制度的推进，进入 60 岁领取年龄的参保人越来越多；同时参保人有一定的预期寿命，因此在最后几年领取人数基本保持平稳。

2. 女性领取人数预测

表 6-26　　女性领取人预测

年份	2011	2012	2013	2014	2015	2016	2017	2018	2019	2020
领取人数	44863	62890	78835	97053	116412	134223	151434	165388	174046	185385
年份	2021	2022	2023	2024	2025	2026	2027	2028	2029	2030
领取人数	192553	213228	237052	258463	278509	299903	316648	339531	358566	381315
年份	2031	2032	2033	2034	2035	2036	2037	2038	2039	2040
领取人数	396758	414292	430544	445874	461253	475629	484359	495823	504354	517463

续表

年份	2041	2042	2043	2044	2045	2046	2047	2048	2049	2050
领取人数	524889	537090	542996	551086	558998	568284	580963	591665	602402	618664
年份	2051	2052	2053	2054	2055	2056				
领取人数	625578	633290	639152	642687	646490	647139				

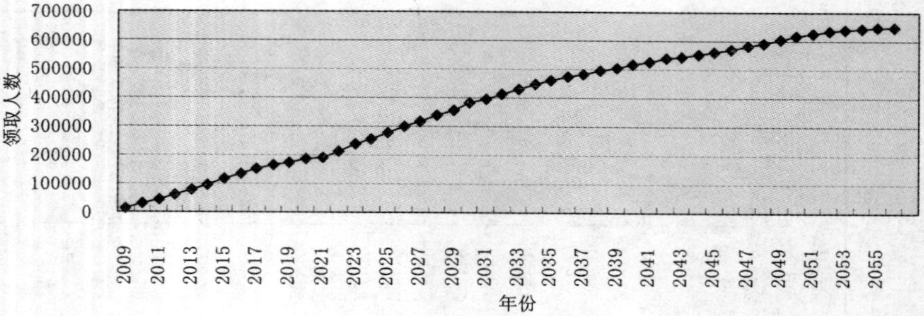

图 6-42　女性领取人数预测

女性领取人数呈现逐年上升的趋势，在 2050 年后基本保持平稳。这是因为随着制度的推进，进入 60 岁领取年龄的参保人越来越多；同时参保人有一定的预期寿命，因此在最后几年领取人数基本保持平稳。

五　财政投入预测

（一）财政进口补贴（D1）总额预测

计算过程为：第一，测算出每年每个年龄新进入的参保人数（进入年龄不同，补贴标准不同，在参保人存活期间以进入年龄的补贴标准连续补贴直至达到领取年龄）；第二，每个年龄进入的参保人与对应的政府补贴额度相乘；第三，上一期上一年龄的政府补贴总额乘上尚存率加上本期本年龄段新增人数的政府补贴总额。每一期每一年龄段政府出口补贴（D1）总额的计算公式为：

$$D1\ (p-1,\ t-1)\ \times SR\ (p-1)\ +D1'(p,\ t)\ =D1\ (p,\ t)$$

测算各利率水平下财政进口补贴总额，要首先测算政府分别对男性与女性参保人的财政投入总额，之后进行汇总相加。在各利率水平下政府对不同年龄参保人的补贴标准上面已经给出，此处不再赘述。分别测算利率水平在2.5%、4%、5%水平下，政府每年的进口补贴总额。

表6-27　　不同利率下政府进口补贴总额

年份	不同利率下政府进口补贴总额（万元）		
	i=2.5%	i=4%	i=5%
2010	11174	11995	12586
2011	10583	11277	11772
2012	9532	10068	10445
2013	8901	9328	9625
2014	8318	8649	8877
2015	7862	8114	8286
2016	7657	7859	7994
2017	7583	7752	7861
2018	7697	7849	7943
2019	8043	8194	8286
2020	8336	8485	8575
2021	8777	8933	9026
2022	8870	9025	9117
2023	8895	9050	9143
2024	8912	9069	9162
2025	8949	9106	9200
2026	8968	9125	9220
2027	9082	9242	9338
2028	9028	9186	9281
2029	9071	9230	9325
2030	9008	9165	9259
2031	9110	9268	9363
2032	9188	9347	9442
2033	9285	9445	9540

续表

年份	不同利率下政府进口补贴总额（万元）		
	i=2.5%	i=4%	i=5%
2034	9423	9584	9680
2035	9583	9746	9842
2036	9751	9917	10014
2037	10039	10210	10311
2038	10274	10450	10555
2039	10508	10689	10797
2040	10626	10810	10920
2041	10787	10976	11088
2042	10786	10976	11089
2043	10888	11080	11196
2044	10875	11068	11184
2045	10820	11014	11131
2046	10692	10884	10999
2047	10474	10662	10775
2048	10282	10467	10578
2049	10072	10252	10361
2050	9739	9912	10016
2051	9611	9781	9883
2052	9474	9640	9740
2053	9393	9557	9655
2054	9368	9532	9629
2055	9339	9501	9597
2056	9383	9545	9641

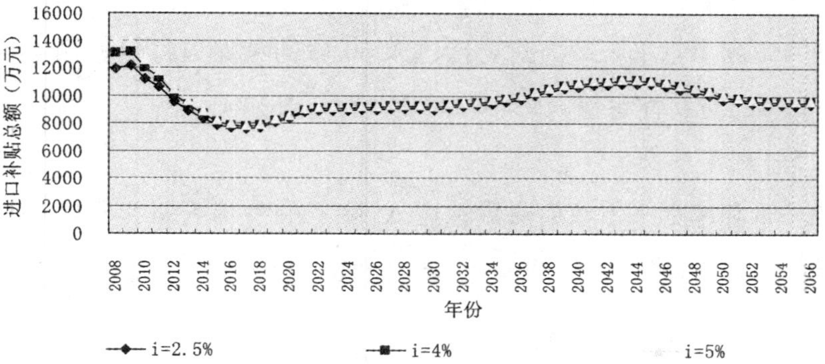

图 6-43　不同利率水平下政府进口补贴总额

图 6-43 展示的是政府财政进口补贴总额的预测结果。从图中可以看出，在制度实施的初始四年财政进口补贴总额较大，因为在此期间参保人不断增加，而且增加的幅度较大；之后呈现下降趋势，在 2016—2017 年后基本保持平稳，其中小规模的升降与参保人数的变化有直接关系。从这一点上可以看出，有限财政理念下的宁夏农村养老保险制度的实施在最初的四五年间财政进口支出较大，之后基本保持稳定，但在 2043—2044 年间出现较大值。这是因为从参保人数预测图中可以看出：男性参保人数与女性参保人数在对应的 2043—2044 年间有较大值，而这又和人口年龄结构的分布有密切关系：根据人口预测的结果，在 2027 年 45 岁人口有最大值，在随后 15 年的滚动参保中，在这批人进入参保最后一年的 2043 年滚动参保有最大值，因此对应的参保人数有最大值，与之对应的进口补贴额度也相应出现了较大值。

（二）财政出口补贴总额预测

1. 2.5% 利率水平

测算 2.5% 利率水平财政出口补贴总额，首先测算政府分别对男性与女性参保人的财政出口补贴总额，之后进行汇总相加。在 2.5% 利率水平下政府对男性进入 60 岁的参保人每年补贴 517 元，补贴 17 年；对女性参保人每年补贴 545 元，补贴 18 年。

2. 4%利率水平

在4%利率水平下政府对男性进入60岁的参保人每年补贴414元，补贴17年；对女性参保人每年补贴448元，补贴18年。

3. 5%利率水平

在5%利率水平下政府对男性进入60岁的参保人每年补贴316元，补贴17年；对女性参保人每年补贴355元，补贴18年。

表6-28　　　　不同利率水平下的政府财政出口补贴总额

年份	不同利率水平下政府出口补贴总额（万元）		
	i=2. 5%	i=4%	i=5%
2011	4842	3930	3059
2012	6827	5540	4312
2013	8613	6990	5440
2014	10621	8620	6709
2015	12806	10393	8089
2016	14818	12027	9361
2017	16834	13663	10635
2018	18615	15107	11758
2019	19829	16093	12525
2020	21391	17360	13511
2021	22505	18265	14215
2022	25113	20382	15863
2023	28136	22835	17773
2024	31128	25264	19664
2025	34063	27647	21519
2026	36336	29500	22971
2027	37389	30357	23642
2028	39125	31765	24737
2029	40385	32791	25538
2030	42109	34190	26627
2031	43199	35077	27319

续表

年份	不同利率水平下政府出口补贴总额（万元）		
	i=2.5%	i=4%	i=5%
2032	44340	36004	28042
2033	45557	36991	28810
2034	46771	37977	29578
2035	48220	39153	30492
2036	50100	40676	31676
2037	51518	41830	32577
2038	53187	43183	33628
2039	54223	44032	34298
2040	54748	44461	34635
2041	54760	44471	34643
2042	55434	45017	35068
2043	55577	45134	35159
2044	56159	45605	35524
2045	56600	45966	35810
2046	57085	46359	36113
2047	57885	47011	36624
2048	58587	47577	37061
2049	59606	48406	37708
2050	61084	49606	38643
2051	61683	50092	39021
2052	62355	50639	39447
2053	62775	50979	39713
2054	63283	51388	40028
2055	64084	52040	40536
2056	64574	52437	40845

政府出口补贴的额度呈现逐年增长的趋势。首先随着制度的推进，进入领取年龄的人数逐渐增多：一方面，从 2011 年的只包含 60 岁，到 2044 年的包含 60—95 岁年龄段领取人数（生命表中最后的退出年龄为 95 岁）；另一方面，采用滚动参保率的测算方法，随着滚存年数的增加，

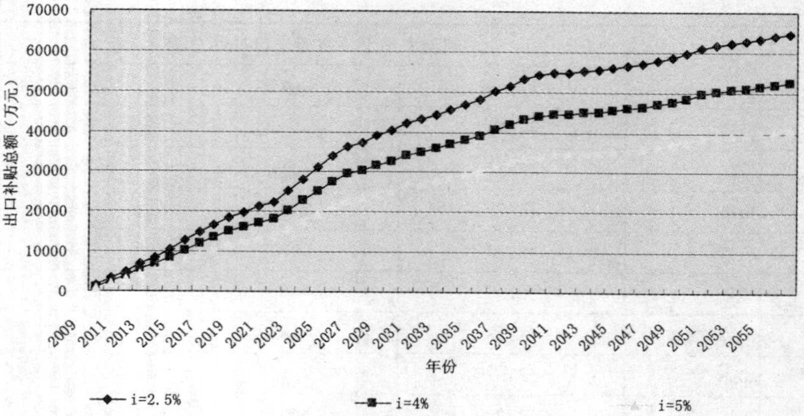

图 6-44　不同利率水平下的政府财政出口补贴总额

每年新进的 60 岁人数也会增长。除此之外，由于政府的出口补贴是在参保人进入 60 岁即发生，且一直要保持 17—18 年（男性 17 年，女性 18 年）。因此基于以上几点，在预测年份内政府出口补贴额度逐年增加。

（三）宁夏地区财政收入能力预测

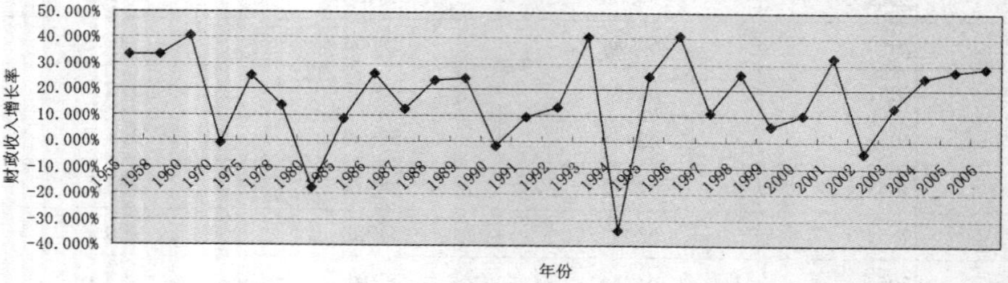

图 6-45　宁夏财政收入历年的增长率变化情况

图 6-45 展示的是宁夏地方财政收入历年的增长率变化情况。从总体上看，除 1980 年与 1994 年出现较大幅度的负增长外，1970 年，1990 年与 2002 年出现小幅度的负增长，其余年份均实现了正增长。特别自 2003 年后每年的增长率呈现平滑的上升趋势，每年的财政收入增长较

为稳健。历年的财政收入平均增长率为17．00%。以下将分别用9%，12%，15%，以及17%的增长率水平对宁夏地区未来的地方财政收入水平进行预测。

表6-29　　宁夏财政收入水平预测

年份	财政收入（万元）			
	9%增长率	12%增长率	15%增长率	17%增长率
2010	866104	965464	1073138	1149761
2011	944054	1081320	1234108	1345220
2012	1029018	1211078	1419225	1573908
2013	1121630	1356408	1632108	1841472
2014	1222577	1519177	1876925	2154522
2015	1332609	1701478	2158463	2520791
2016	1452543	1905655	2482233	2949326
2017	1583272	2134334	2854568	3450711
2018	1725767	2390454	3282753	4037332
2019	1881086	2677308	3775166	4723678
2020	2050383	2998585	4341441	5526704
2021	2234918	3358416	4992657	6466243
2022	2436061	3761426	5741555	7565505
2023	2655306	4212797	6602789	8851640
2024	2894284	4718332	7593207	10356419
2025	3154769	5284532	8732188	12117011
2026	3438698	5918676	10042016	14176902
2027	3748181	6628917	11548319	16586976
2028	4085517	7424387	13280567	19406762
2029	4453214	8315314	15272652	22705911
2030	4854003	9313151	17563549	26565916
2031	5290864	10430730	20198082	31082122
2032	5767041	11682417	23227794	36366083
2033	6286075	13084307	26711963	42548317
2034	6851822	14654424	30718758	49781531

续表

年份	财政收入（万元）			
	9%增长率	12%增长率	15%增长率	17%增长率
2035	7468486	16412955	35326571	58244391
2036	8140649	18382509	40625557	68145937
2037	8873308	20588411	46719390	79730747
2038	9671906	23059020	53727299	93284974
2039	10542377	25826102	61786394	109143419
2040	11491191	28925234	71054353	127697800
2041	12525398	32396263	81712506	149406426
2042	13652684	36283814	93969382	174805519
2043	14881426	40637872	108064789	204522457
2044	16220754	45514416	124274507	239291275
2045	17680622	50976146	142915684	279970792
2046	19271878	57093284	164353036	327565826
2047	21006347	63944478	189005991	383252016
2048	22896918	71617815	217356890	448404859
2049	24957641	80211953	249960424	524633685
2050	27203828	89837388	287454487	613821412
2051	29652173	100617874	330572660	718171052
2052	32320868	112692019	380158559	840260131
2053	35229747	126215061	437182343	983104353
2054	38400424	141360869	502759695	1150232093
2055	41856462	158324173	578173649	1345771549
2056	45623544	177323074	664899696	1574552712

（四）财政投入占财政收入比例预测

有限财政理念下的农村社会养老保险制度中的政府财政投入主要包括进口补贴与出口补贴两部分。测算财政投入在财政收入中所占的比重，即测算财政补贴总额（D1+D2）占财政收入的比重。财政收入测算的结果上面已经给出，接下来首先给出财政补贴总额（D1+D2）表。

表 6-30　　　　不同利率水平下政府财政补贴总额

年份	不同利率水平下政府财政补贴总额（万元）		
	i=2.5%	i=4%	i=5%
2010	14441	14646	14649
2011	15425	15207	14831
2012	16359	15608	14757
2013	17514	16318	15065
2014	18939	17269	15586
2015	20668	18507	16375
2016	22475	19886	17355
2017	24417	21415	18496
2018	26312	22956	19701
2019	27872	24287	20811
2020	29727	25845	22086
2021	31282	27198	23241
2022	33983	29407	24980
2023	37031	31885	26916
2024	40040	34333	28826
2025	43012	36753	30719
2026	45304	38625	32191
2027	46471	39599	32980
2028	48153	40951	34018
2029	49456	42021	34863
2030	51117	43355	35886
2031	52309	44345	36682
2032	53528	45351	37484
2033	54842	46436	38350
2034	56194	47561	39258
2035	57803	48899	40334
2036	59851	50593	41690
2037	61557	52040	42888
2038	63461	53633	44183
2039	64731	54721	45095

续表

年份	不同利率水平下政府财政补贴总额（万元）		
	i=2.5%	i=4%	i=5%
2040	65374	55271	45555
2041	65547	55447	45731
2042	66220	55993	46157
2043	66465	56214	46355
2044	67034	56673	46708
2045	67420	56980	46941
2046	67777	57243	47112
2047	68359	57673	47399
2048	68869	58044	47639
2049	69678	58658	48069
2050	70823	59518	48659
2051	71294	59873	48904
2052	71829	60279	49187
2053	72168	60536	49368
2054	72651	60920	49657
2055	73423	61541	50133
2056	73957	61982	50486

1. 假定财政收入平均年增长率为9%来预测财政投入占财政收入比重

表6-31　　　财政投入占财政收入的比重（财政9%增长）

年份	不同利率水平下财政投入占财政收入的比例（%）		
	i=2.5%	i=4%	i=5%
2010	1.667	1.691	1.691
2011	1.634	1.611	1.571
2012	1.590	1.517	1.434
2013	1.561	1.455	1.343

续表

年份	不同利率水平下财政投入占财政收入的比例（%）		
	i=2.5%	i=4%	i=5%
2014	1.549	1.412	1.275
2015	1.551	1.389	1.229
2016	1.547	1.369	1.195
2017	1.542	1.353	1.168
2018	1.525	1.330	1.142
2019	1.482	1.291	1.106
2020	1.450	1.260	1.077
2021	1.400	1.217	1.040
2022	1.395	1.207	1.025
2023	1.395	1.201	1.014
2024	1.383	1.186	0.996
2025	1.363	1.165	0.974
2026	1.317	1.123	0.936
2027	1.240	1.056	0.880
2028	1.179	1.002	0.833
2029	1.111	0.944	0.783
2030	1.053	0.893	0.739
2031	0.989	0.838	0.693
2032	0.928	0.786	0.650
2033	0.872	0.739	0.610
2034	0.820	0.694	0.573
2035	0.774	0.655	0.540
2036	0.735	0.621	0.512
2037	0.694	0.586	0.483
2038	0.656	0.555	0.457
2039	0.614	0.519	0.428
2040	0.569	0.481	0.396
2041	0.523	0.443	0.365
2042	0.485	0.410	0.338
2043	0.447	0.378	0.311

续表

年份	不同利率水平下财政投入占财政收入的比例（%）		
	i=2.5%	i=4%	i=5%
2044	0.413	0.349	0.288
2045	0.381	0.322	0.265
2046	0.352	0.297	0.244
2047	0.325	0.275	0.226
2048	0.301	0.254	0.208
2049	0.279	0.235	0.193
2050	0.260	0.219	0.179
2051	0.240	0.202	0.165
2052	0.222	0.187	0.152
2053	0.205	0.172	0.140
2054	0.189	0.159	0.129
2055	0.175	0.147	0.120
2056	0.162	0.136	0.111

从表6-31可以看出，财政投入占财政收入的比重呈现下降的趋势，制度实施当年对财政压力最大，但是即使在利率达到5%的情况下，财政投入占财政收入的比重也在1.91%左右。纵向看，在2021年及以后实现85%左右的覆盖率（该年龄段实际已参保人数与应参保人数的比例）时，财政投入占财政收入的比重也控制在1.04%—1.4%之间。这是在假设财政收入平均年增长率为9%时预测财政投入占财政收入比重的结果，而从经验数据看，宁夏地区财政收入的年平均增长率已经达到17%。

2. 假定财政收入平均年增长率为12%来预测财政投入占财政收入比重

表 6-32　　　　财政投入占财政收入的比重（财政 12% 增长）

年份	不同利率水平下财政投入占财政收入的比例（%）		
	i=2.5%	i=4%	i=5%
2008	1.553	1.700	1.809
2009	1.572	1.658	1.714
2010	1.496	1.517	1.517
2011	1.426	1.406	1.372
2012	1.351	1.289	1.218
2013	1.291	1.203	1.111
2014	1.247	1.137	1.026
2015	1.215	1.088	0.962
2016	1.179	1.044	0.911
2017	1.144	1.003	0.867
2018	1.101	0.960	0.824
2019	1.041	0.907	0.777
2020	0.991	0.862	0.737
2021	0.931	0.810	0.692
2022	0.903	0.782	0.664
2023	0.879	0.757	0.639
2024	0.849	0.728	0.611
2025	0.814	0.695	0.581
2026	0.765	0.653	0.544
2027	0.701	0.597	0.498
2028	0.649	0.552	0.458
2029	0.595	0.505	0.419
2030	0.549	0.466	0.385
2031	0.501	0.425	0.352
2032	0.458	0.388	0.321
2033	0.419	0.355	0.293
2034	0.383	0.325	0.268
2035	0.352	0.298	0.246
2036	0.326	0.275	0.227
2037	0.299	0.253	0.208

续表

年份	不同利率水平下财政投入占财政收入的比例（%）		
	i=2.5%	i=4%	i=5%
2038	0.275	0.233	0.192
2039	0.251	0.212	0.175
2040	0.226	0.191	0.157
2041	0.202	0.171	0.141
2042	0.183	0.154	0.127
2043	0.164	0.138	0.114
2044	0.147	0.125	0.103
2045	0.132	0.112	0.092
2046	0.119	0.100	0.083
2047	0.107	0.090	0.074
2048	0.096	0.081	0.067
2049	0.087	0.073	0.060
2050	0.079	0.066	0.054
2051	0.071	0.060	0.049
2052	0.064	0.053	0.044
2053	0.057	0.048	0.039
2054	0.051	0.043	0.035
2055	0.046	0.039	0.032
2056	0.042	0.035	0.028

从表6-32可以看出，财政投入占财政收入的比重呈现下降的趋势，制度实施当年对财政压力最大，但是即使在利率达到5%的情况下，财政投入占财政收入的比重也在1.81%左右。纵向看，在2021年及以后实现85%左右的覆盖率（该年龄段实际已参保人数与应参保人数的比例）时，财政投入占财政收入的比重也控制在0.69%—0.93%之间。这是在假设财政收入以平均年增长率为12%时预测财政投入占财政收入比重的结果，而从经验数据看，宁夏地区财政收入的年平均增长率已经达到17%。

3. 假定财政收入以平均年增长率为 15% 来预测财政投入占财政收入比重

表 6-33　　财政投入占财政收入的比重（财政 15% 增长）

年份	不同利率水平下财政投入占财政收入的比例（%）		
	i=2.5%	i=4%	i=5%
2010	1.346	1.365	1.365
2011	1.250	1.232	1.202
2012	1.153	1.100	1.040
2013	1.073	1.000	0.923
2014	1.009	0.920	0.830
2015	0.958	0.857	0.759
2016	0.905	0.801	0.699
2017	0.855	0.750	0.648
2018	0.802	0.699	0.600
2019	0.738	0.643	0.551
2020	0.685	0.595	0.509
2021	0.627	0.545	0.466
2022	0.592	0.512	0.435
2023	0.561	0.483	0.408
2024	0.527	0.452	0.380
2025	0.493	0.421	0.352
2026	0.451	0.385	0.321
2027	0.402	0.343	0.286
2028	0.363	0.308	0.256
2029	0.324	0.275	0.228
2030	0.291	0.247	0.204
2031	0.259	0.220	0.182
2032	0.230	0.195	0.161
2033	0.205	0.174	0.144
2034	0.183	0.155	0.128
2035	0.164	0.138	0.114

续表

年份	不同利率水平下财政投入占财政收入的比例（%）		
	i=2.5%	i=4%	i=5%
2036	0.147	0.125	0.103
2037	0.132	0.111	0.092
2038	0.118	0.100	0.082
2039	0.105	0.089	0.073
2040	0.092	0.078	0.064
2041	0.080	0.068	0.056
2042	0.070	0.060	0.049
2043	0.062	0.052	0.043
2044	0.054	0.046	0.038
2045	0.047	0.040	0.033
2046	0.041	0.035	0.029
2047	0.036	0.031	0.025
2048	0.032	0.027	0.022
2049	0.028	0.023	0.019
2050	0.025	0.021	0.017
2051	0.022	0.018	0.015
2052	0.019	0.016	0.013
2053	0.017	0.014	0.011
2054	0.014	0.012	0.010
2055	0.013	0.011	0.009
2056	0.011	0.009	0.008

从表6-33可以看出，财政投入占财政收入的比重呈现下降的趋势，制度实施当年对财政压力最大，但是即使在利率达到5%的情况下，财政投入占财政收入的比重也在1.72%左右。纵向看，在2021年及以后实现85%左右的覆盖率（该年龄段实际已参保人数与应参保人数的比例）时，财政投入占财政收入的比重也控制在0.47%—0.63%之间。这是假设财政收入平均年增长率为15%时预测财政投入占财政收入比重的结果，而从经验数据看，宁夏地区财政收入的年平均增长率

已经达到17%。

4. 假定财政收入平均年增长率为17%来预测财政投入占财政收入比重

表6-34　　财政投入占财政收入的比重（财政17%增长）

年份	不同利率水平下财政投入占财政收入的比例（%）		
	i=2.5%	i=4%	i=5%
2010	1.256	1.274	1.274
2011	1.147	1.130	1.102
2012	1.039	0.992	0.938
2013	0.951	0.886	0.818
2014	0.879	0.802	0.723
2015	0.820	0.734	0.650
2016	0.762	0.674	0.588
2017	0.708	0.621	0.536
2018	0.652	0.569	0.488
2019	0.590	0.514	0.441
2020	0.538	0.468	0.400
2021	0.484	0.421	0.359
2022	0.449	0.389	0.330
2023	0.418	0.360	0.304
2024	0.387	0.332	0.278
2025	0.355	0.303	0.254
2026	0.320	0.272	0.227
2027	0.280	0.239	0.199
2028	0.248	0.211	0.175
2029	0.218	0.185	0.154
2030	0.192	0.163	0.135
2031	0.168	0.143	0.118
2032	0.147	0.125	0.103
2033	0.129	0.109	0.090
2034	0.113	0.096	0.079

续表

年份	不同利率水平下财政投入占财政收入的比例（%）		
	i=2.5%	i=4%	i=5%
2035	0.099	0.084	0.069
2036	0.088	0.074	0.061
2037	0.077	0.065	0.054
2038	0.068	0.057	0.047
2039	0.059	0.050	0.041
2040	0.051	0.043	0.036
2041	0.044	0.037	0.031
2042	0.038	0.032	0.026
2043	0.032	0.027	0.023
2044	0.028	0.024	0.020
2045	0.024	0.020	0.017
2046	0.021	0.017	0.014
2047	0.018	0.015	0.012
2048	0.015	0.013	0.011
2049	0.013	0.011	0.009
2050	0.012	0.010	0.008
2051	0.010	0.008	0.007
2052	0.009	0.007	0.006
2053	0.007	0.006	0.005
2054	0.006	0.005	0.004
2055	0.005	0.005	0.004
2056	0.005	0.004	0.003

根据宁夏地区财政收入增长率的经验数据，以17%的财政收入年增长率进行预测，从表6-34可以看出，实施当年财政补贴支出占财政总收入的比重约为1.42%到1.66%之间，在2012年及以后实现85%左右的覆盖率（该年龄段实际已参保人数与应参保人数的比例）时，财政投入占财政收入的比重也控制在0.36%—0.48%之间。

第七章　全国社会保障基金运营分析

第一节　全国社会保障基金概况

与新型农村养老保险基金相比，全国社会保障基金采用多元化的投资组合形式，委托专业的金融机构进行投资，其运营模式更具科学性。基于全国社会保障基金运营的归纳分析，能为农村养老保险基金的有效运营提供宝贵的借鉴。

全国社会保障基金成立于2000年9月，全国社会保障基金理事会则于同年11月设立，直属国务院领导。全国社会保障基金的主要用途是满足日后人口老龄化高峰的社会保障需要。作为国家战略储备基金，其投资实践过程必须遵循价值投资理念、长期投资理念和责任投资理念。按照预期，全国社保基金将在15—20年后才会发生支出，负债期限较长，决定了其必须围绕长期目标实行长期投资的战略，同时，要坚持正确处理投资对象的内在价值与市场价格涨跌之间的关系，协调好经济发展和股票市场的关系。

全国社保基金资金来源①

全国社保基金的资金来源是中央财政拨入资金、国有股减持或转持所获资金和股权资产、经国务院批准以其他方式筹集的资金及其投资收益构成。全国社保基金在2000年成立的时候，只有200亿元的规模。截至2012年底，资产总额达11060亿元，增长了55.3倍。其中，基金权益为10753亿元，负债307亿元。

图7-1描述了全国社保基金的增长走势。可见，2006年之前基金权益规模增长较慢。自2006年后，除了2010年至2011年间速度有所放缓外，全国社保基金权益总额总体增长较快，趋势线陡峭，说明社保基金规模扩张明显，增长迅速。

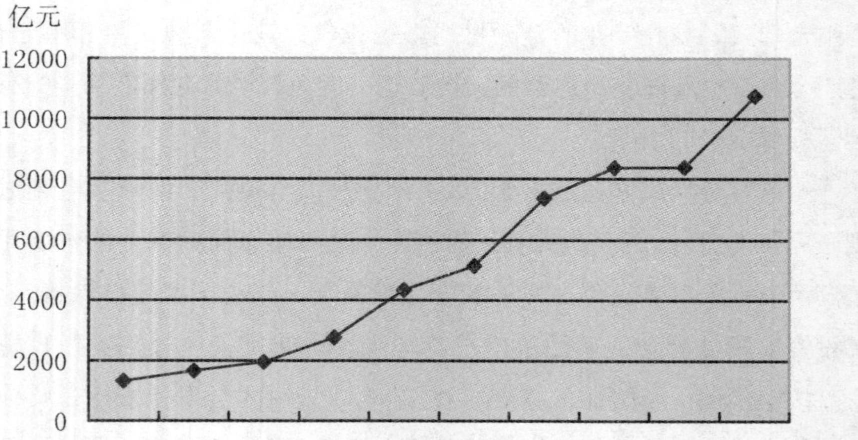

图7-1 全国社保基金权益增长趋势线

① 数据来源：根据全国社会保障基金官方网站有关数据计算整理。

第二节　全国社会保障基金运营实证分析

一　全国社保基金运营情况

据全国社保基金理事会公布的年报显示，自2000年成立以来，全国社保基金的投资收益率一直比较低。2001年《全国社会保障基金投资管理暂行办法》出台，调整了基金的投资策略，拓宽了投资渠道，并增加了投资额。2003年开始，全国社保基金正式入市，以多元化的投资组合形式，委托专业的金融机构进行投资。此后，基金收益率逐步提高。2008年，由于遭遇金融危机，基金出现了负收益率，同时通货膨胀率也达到历史最高值。近两年，社保基金收益率和通货膨胀率基本上持平。这在一定程度上说明了社保基金实现了保值，但是增值效果不明显。尽管我国的社保基金投资收益逐渐提高，但整体收益水平还是偏低，与发达国家相比，还相去甚远。

表7-1　全国社保基金历年收益情况

年份	已实现收益		通货膨胀率（%）	实际收益率（扣除通货膨胀率）
	金额（亿元）	收益率（%）		
2003	34.07	2.71	1.2	1.51
2004	45.91	3.32	3.9	-0.58
2005	52.90	3.12	1.8	1.32
2006	195.80	9.34	1.5	7.84
2007	1129.20	38.93	4.8	34.13
2008	-393.72	-6.79	5.9	-12.69
2009	427.66	8.39	-0.7	9.09
2010	426.41	6.56	3.3	3.26
2011	430.95	5.58	5.6	-0.02
2012	398.66	4.33	3.3	1.08

资料来源：依据《中国统计年鉴》（2003—2012年）以及全国社会保障基金官方网站资料整理得出。

二　全国社保基金投资模式

全国社保基金理事会自成立以来，探索建立了适应我国国情的社保基金投资管理新模式，并且为农保基金的投资运营提供了宝贵经验。我国现行的社保基金投资模式包括以下两种：

（一）全国社保基金理事会直接投资

基金由理事会选用银行存款和国债等风险较小的投资工具直接投资运营。从社保基金的投资工具来看，银行存款和国债所占比例较高，虽然其风险很低，但是收益率也很低，不足以抵御贬值的威胁，难以实现社保基金的保值增值。

（二）委托专业的投资管理人投资运营

对于风险较大的投资工具如股票等，理事会选择符合标准的专业管理公司进行委托投资。从图 7-2 来看，2003 年至 2012 年全国社保基金理事会直接投资资产的比例下降，但提高了委托投资资产的比例。以委托投资运营为例，全国社保基金的股票委托投资始于 2003 年，随后委托投资比例逐年扩大，由 2003 年的 24.07%，上升到 2007 年的 47.06%，委托投资规模达到 2069.4 亿元。2008 年由于遭受金融危机的冲击，委托投资比例略有下降，但仍高达 45.62%，且近几年来基本稳

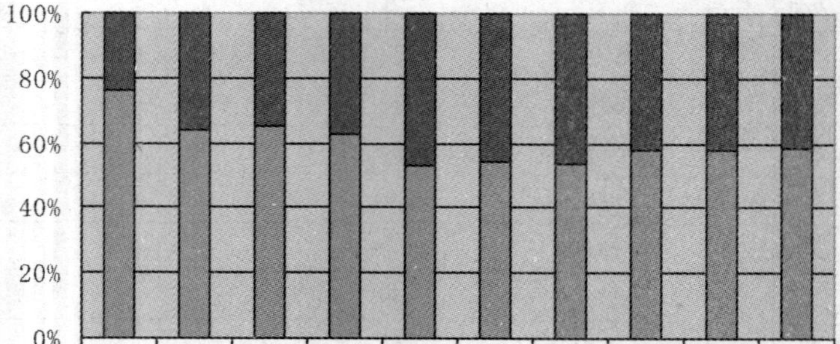

	2003	2004	2005	2006	2007	2008	2009	2010	2011	2012
委托投资(亿元)	318.9	612.7	730.3	1057	2069	2566	3621	3589	3647	4554
直接投资(亿元)	1006	1099	1388	1771	2328	3058	4145	4978	5041	6507

■ 委托投资(亿元)　　■ 直接投资(亿元)

图 7-2　直接投资与委托投资规模

定在41%—46%的水平。

三　不同投资工具的收益与风险比较

我国社保基金主要投资的是国内市场，其中证券市场最为重要。经过改革开放后的多年努力，目前组成我国证券市场体系的有上海证券交易所、深圳证券交易所和场外交易市场。由于场外交易市场的数据很难搜集以及深圳证券交易所相关指数的局限性，本研究报告仅选择上海证券交易所公布的上证综合指数作为研究样本。该指数涵盖了所有上市交易的A股、B股，基本可以代表中国股票市场。本研究报告以上海证券交易所公布的上证综合指数作为股票的代表，以期望收益率为收益指标，以收益率标准差为衡量风险的指标，展开对股票、国债和银行存款的实证组合分析（具体数据见表7-2）。

表7-2　　不同投资工具年收益率及风险比较

年份	上证综合指数收盘价	指数收益率（年，%）	5年期国债利率（年，%）	1年期存款利率（年，%）
2003	1497.04	10.27	2.49	1.98
2004	1266.50	-15.40	3.81	2.25
2005	1161.06	-8.33	3.60	2.25
2006	2675.47	130.43	3.81	2.52
2007	5261.56	96.66	6.34	4.14
2008	1820.81	-65.39	5.53	2.25
2009	3277.14	79.98	4.00	2.25
2010	2808.08	-14.31	4.60	2.75
2011	2199.42	-21.68	6.15	3.50
2012	2269.13	3.17	5.32	3.50
平均收益率	19.54	4.57	2.74	
收益率标准差	58.57	1.18	0.69	

资料来源：依据上海证券交易所网站资料、中华人民共和国财政部网站资料整理得出。上证综合指数收盘价为年末收盘价，国债利率按末期，银行利率按年末，上证指数收益率、平均收益率及收益率标准差由作者计算得出。

表 7-3 股票、国债与银行存款的协方差及相关系数

	股票	国债	存款
股票	3430. 77506	-6. 8960508	8. 835798399
国债	-6. 8960508	1. 386145	0. 661980474
存款	8. 8357984	0. 66198047	0. 470169
相关系数	股票与国债	国债与存款	股票与存款
	-0. 1	0. 82	0. 22

从 2003 年至 2012 年不同投资工具（见表 7-2）的平均收益率可以看出，代表了上证综合指数的股票平均收益率为 19. 54%，是三种投资工具中收益最高的，但风险也最高，收益率标准差高达 58. 57%。这是由于股票本身具有较高的固有风险。另外，中国作为新兴的股票市场，波动远远高于成熟市场。

根据 2003—2012 年的相关数据，以现代投资组合为依据，分别计算出国债、股票与银行存款三种投资工具相互组合的相关系数。由表 7-3 可知，国债与银行存款收益率变化的相关系数为 0. 82，二者收益情况密切相关。也就是说，在实际投资过程中，仅靠国债与银行存款的组合不能获得更高收益，因而投资国债与银行存款只是为了满足基金的安全性和流动性。

从表 7-3 可知，上证综合指数与 5 年期国债的相关系数为-0. 1，与银行存款的相关系数为 0. 22。根据资本资产定价模型，不同投资组合的相关系数越小，越能分散非系统性风险，同时在一定风险内可以提高收益率。相关系数为负值表明股票投资收益与债券投资收益呈反向变动，即全国社保基金同时投资于股票和债券可以降低风险。鉴于全国社保基金对安全性的要求，要把股票投资限制在一个合理的区间内，控制风险，保证收益，避免大起大落。

根据《全国社会保障基金投资管理暂行办法》第二十八条规定，银行存款和国债投资比例不得低于 50%，其中，银行存款比例不得低

于10%，企业债、金融债投资比例不得高于10%，证券投资基金、股票投资比例不得高于40%。[①] 由于银行存款仅仅是为了满足流动性需求，再考虑到银行存款利率一直处于较低水平，因此本研究报告将银行存款比例固定在10%，以上证综合指数为代表，在股票和5年期国债间设定不同的投资比率，相关情况见表7-4。

表7-4　　　　不同投资组合收益—风险情况

投资比例（%）			投资组合收益率（%）	投资组合标准差（%）
股票	5年期国债	1年期存款		
0	90	10	4.38	1.12
5	85	10	5.13	3.03
10	80	10	5.88	5.86
15	75	10	6.63	8.76
20	70	10	7.38	11.68
25	65	10	8.13	14.60
30	60	10	8.88	17.53
35	55	10	9.62	20.46
40	50	10	10.37	23.39

从表7-4可以看出，随着上证综合指数的上升，投资组合的期望收益率和标准差也相应上升，当投资于证券市场的比例上升到20%，投资组合标准差在10%左右，这一风险水平是可以接受的，既可以抵御通货膨胀的风险，又能满足收益率的要求。随着我国证券市场的成熟和完善，投资风险也会逐步降低。

① 申小菊：《我国养老基金个人账户的管理选择》，《企业改革与管理》2005年第7期，第52—53页。

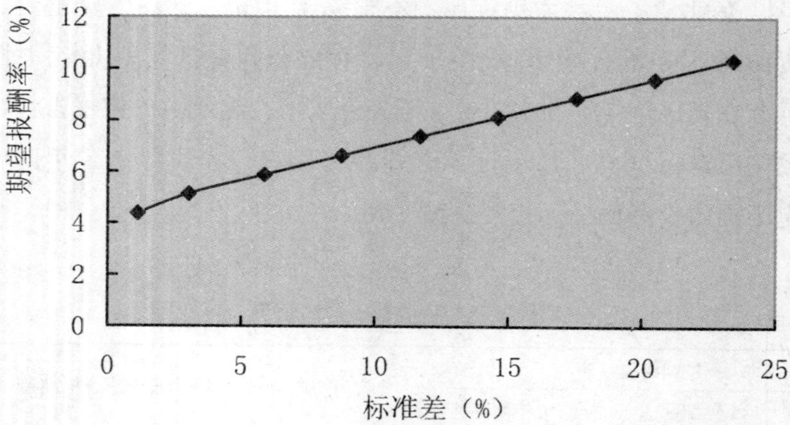

图 7-3　2003—2012 年投资组合数据和资本市场线

根据表 7-4 投资组合的收益率和标准差两组数据，利用最小二乘法进行回归估计，求出资本市场线的斜率和截距，得出以下方程：

$$E(R_p) = R_f + \left[\frac{E(R_m) - R_f}{a_m}\right] a_p = 4.38\% + 0.256a_p \quad (7.1)$$

式中，$E(R_p)$ 表示投资组合的期望收益率，R_f 表示无风险收益率，a_p 表示投资组合的标准差，$E(R_m)$、a_m 分别代表相关市场组合的期望收益率和标准差。

该方程即为 2003—2012 年相关投资组合的资本市场线方程。这个方程可以作为社会保障基金乃至农保基金参与资本市场投资的参考。它包含了以下信息：在此样本期间的“无风险投资”利率为 4.38%，略低于五年期国债利率；资本市场线的斜率为 0.256，是投资组合的风险市场价格增长率，可以作为近 10 年收益和风险变动情况的近似数，即风险度量的标准差每增加 1%，便可获得 0.256% 的预期收益。

第八章　主要结论、政策方案和对策建议

第一节　主要结论

一　我国社会养老保险制度实践与总体评价

历经60年的发展演绎，我国农村居民的养老政策从人民公社村民互助式“五保供养”和家庭自养发展到国家财政“五保供养”和“个人缴费、集体补助和政府补贴相结合”的新型农村社会养老保险，走过了一条明显的“U”形发展道路。当然，从新农保实施情况来看，新农保方案的一些缺点与不足开始逐渐暴露，包括制度设计及试点存在临界不公现象、财政补贴个人账户缴费对参保的激励效果不足、“捆绑式”的强制参保有失以人为本的精神、中央财政补贴资金缺乏制度保障、总的养老金替代率偏低以及未来不同制度如何顺利衔接等问题。可以说，广大的农村居民要充分享有体面的老年生活依然有相当长的路要走。

截至目前，我国社会养老保险制度面向农村开展的有新型农村社会养老保险制度、被征地农民社会养老保险制度、计生户农民社会养老保险制度；面向城市开展的有城镇企业职工基本养老保险制度（以下简

称“城保”）、机关事业单位养老保险制度以及城市其他人员养老保障制度等；针对农民工开展的有：以“双低”标准进行的农民工基本养老保险。尽管这些制度在实践中已取得了一定的成绩，对我国居民的养老保障起到了积极的作用，但其设计与实施均存在不同程度的问题。总体上看来，现阶段我国社会养老保险制度具有以下特征：第一，从制度设计方面看，目前我国社会养老保险制度城乡体制差异大，仍是典型的二元结构；第二，从资金筹集和养老金水平方面看，各种制度之间社会化程度和保障水平差异大；第三，从参保对象流动与转保方面看，由于各种制度模式差异大，待遇标准和计发办法不同，保险关系转移存在严重的制度壁垒；第四，从制度实施方面看，农村社会养老保险制度的稳定性和保险关系的持续性差；第五，从养老保险基金运营管理方面看，无论是筹集、支付阶段还是投资阶段依然存在着一些问题，如基于政策设计上的缺陷所产生的统筹层次混乱、征收机构杂乱、基金保值增值问题突出、基金支付风险上升等；第六，从制度覆盖面看，纯农民依然是社会保险的盲区。

二　统筹城乡农村社会养老保险的制度建设的必要性和体制障碍

从制度设计和实施看，我国农村社会养老保险制度不仅存在着较大的地区差异，在账户模式、筹资方式、缴费标准、统筹层次、待遇享受水平及政府责任程度等方面与城镇社会养老保险制度更是存在着显著的差异。这些差异直接影响和阻碍着我国农村劳动力的流动，限制了我国城乡一体化劳动力市场的形成，同时也不利于我国农村工业化和城市化的发展。因此，消除农村社会养老保险制度以及城乡制度之间的诸多差异，努力促进城乡基本养老保险制度的衔接与转化，实现基本养老保险制度的城乡协调与均衡，是统筹城乡经济社会发展的必然要求。然而城乡基本养老保险制度衔接与转化受诸多体制条件的限制，城乡基本养老保险制度有着不同的形成历史，其制度的性质、模式和内容具有很大不同，这些将成为城乡基本养老保险制度衔接与转化的体制内障碍因素。除此之外，其还受诸如户籍制度、土地制度、劳动就业制度、财政体制等外部制度因素的阻碍。

第二节　政策方案和对策建议

一　总体思路

统筹城乡一体化农村社会养老保险制度建设的总体思路是：尽管这些年我国社会经济发展已经取得巨大进步，但还是达不到实现社会养老保险制度城乡一体的条件，因此现阶段首先要从优化养老资源、简化操作办法、提高管理效率的角度，对现行农村社会养老保险制度、被征地农民基本养老保障制度和农民工养老保险制度进行规范和完善，形成统一的农村社会养老保险制度框架；同时，对城市养老保险制度进行改革，促进事业单位养老保险与企业职工养老保险的融合与统一，形成统一的城市基本养老保险制度框架；等待条件和时机成熟后，逐渐实现二者的衔接与转化，最终实现养老保险制度的城乡一体化（见图 8–1）。

对农村基本养老保险制度的要求是要既能适应农村情况，又能有利于与城市基本养老保险制度衔接，初步设想可供选择的方案有两个：方案一是完全积累制农村基本养老保险制度；方案二是大账户、小统筹的基本养老保险制度。

对城市基本养老保险制度进行改革的重点是：完善城镇职工基本养老保险制度、优化和整合城市养老保险制度和项目、调整和控制城市养老金水平的增长、将城市农民工直接纳入城镇基本养老保险制度等。改革的目标是增强城市基本养老保险制度的包容性、开放性以及与农保衔接的亲合性。

目前党和政府多次强调和提出要尽快解决“三农”问题，促进城

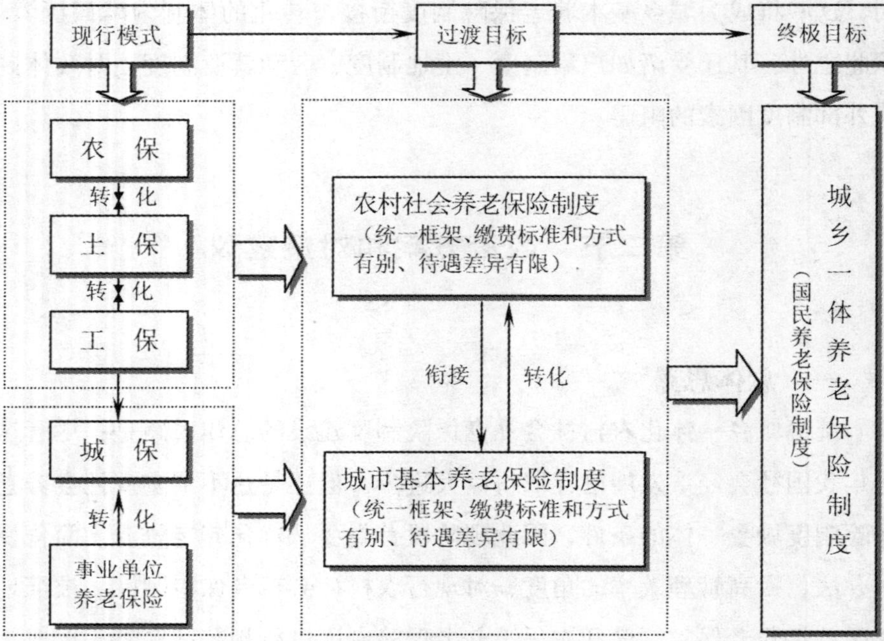

图 8-1　统筹城乡社会养老保险保障制度衔接与转化的基本思路

乡社会经济的统筹协调发展，实现全面的小康社会；要树立科学的发展观，以人为本，构建和谐社会。应该抓住这些有利的时机，进行城乡社会养老保险制度的衔接与转化，逐步实现二者的一体化，切实解决广大劳动者老有所养的问题，促进建设“平安中国”和构建“和谐社会”目标的顺利实现。

二　具体方案

在方案一的条件下：当农村参保对象进入城镇职工基本养老保险体系时，按照入账记录，将个人和集体的缴费全部划入职工基本养老保险个人账户，将政府缴费部分划入相应的统筹账户，从而实现从农村向城市的转化；当城镇基本养老保险参保对象进入农村社会养老保险体系时，其个人账户资金全部转入个人账户，而统筹账户资金的一定比例

（如5%）进入个人账户，实现从城市到农村的转化（见图8-2）。

在方案二的条件下：农村基本养老保险实行个人账户与统筹账户相结合的模式，在进行衔接与转化时，直接进入相应的账户，即个人账户转入个人账户，统筹账户转入统筹账户（见图8-3）。

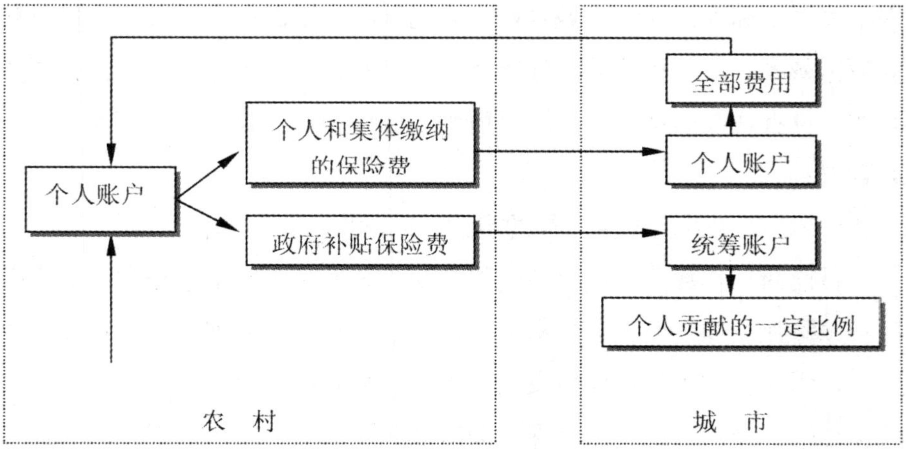

图8-2　城乡社会养老保险账户的转化：方案一

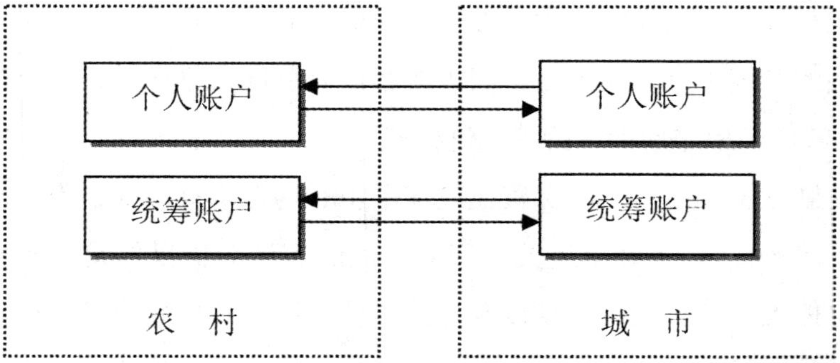

图8-3　城乡社会养老保险账户的转化：方案二

三　对策及建议

基于中国现阶段的经济发展水平，要让农村养老保险与城镇养老保险一步对接是不现实的。我国农村社会保险比城镇保险整整晚了60年左右，只能从低水平起步，做到广覆盖，同时随着经济发展，逐步提高基本养老金标准，并实现城乡社会养老保险制度的衔接与转化，最终建立我国城乡一体的社会养老保险体系。当然，这项工作是新时代的新生事物，没有现成的理论和经验可借鉴，操作和实施起来难度相当大，为此建议：

（一）加快制度覆盖先行的步伐，鼓励农民积极参保

目前尚存在部分农民对新农保认识不足的情况，情愿把钱自己攒着也不愿参保。加上以往旧农保带来的不利影响，新农保的运行存在一些阻力。因此，完善新农保建设绝不能使用强制的行政手段，而要增强制度优越性，吸引农民自愿参保，同时加大对农村社会养老保险的宣传力度，消除农民疑虑，允许参保人员自主选择缴费档次。

另外，对普通纯农户的制度覆盖是当务之急。特别是在农村地区推进纯农户社会养老保险能为已经参保农民工养老保险的返乡农民工提供可衔接的制度平台，而不至于因为原籍没有制度安排而无奈选择退保。

（二）采用非均衡可持续推进模式

在制度覆盖之后，参保覆盖应该采用非均衡推进模式，而不能一蹴而就（见图8-4）。如上述关于宁夏地区的实证分析虽然是基于宁夏地区的总体人口社会经济环境以及总体参保意愿、缴费能力等，但是地区间差异是必然存在的。因此，在制度的推进模式选择上可以采用区域间的非均衡可持续推进模式。

同样，在参保对象的推进上，也可选择45岁以上人员为重点推进群体。首先，养老保障制度建设不同于医疗保障，其是对农民收入的未来保障，有较长的制度执行期限，且45岁以上群体的参保意愿强于低

年龄段的群体。其次，所有群体的均衡推进模式会对财政造成较大压力，年龄段、分群体的非均衡推进模式可以一定程度上转移财政支付压力。此外，对于45岁以上的计划生育户群体中央财政有政策补贴，可与中央配套制度相结合，变“到期补助”为“即期投入”，更能减轻地方财政压力。最后，现今基金运营的整理环境欠佳，养老基金筹资总额越高，基金运营的压力越大。基于以上考虑，建议在制度推进的过程中选择分群体的非均衡推进模式，先以45岁以上计划生育户群体为参保重点，逐步将回乡农民工群体、村干部群体、被征地农民群体、乡村医生群体和比较富裕的纯农户群体纳入制度之内，并逐步覆盖到全体农村居民。

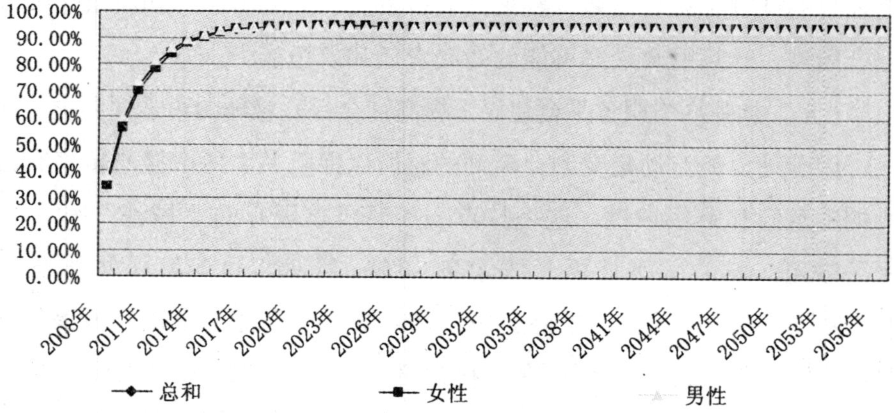

图 8-4　宁夏新型农村养老保险制度推进的年覆盖率水平预测

（三）消除体制障碍，为城乡社会养老保险制度的衔接与转化创造宽松环境

统筹城乡社会养老保险制度的衔接与转化，会涉及许多相关制度，如劳动就业制度、户籍制度、土地制度、社会福利制度等，它们的开放程度直接决定着城乡社会养老保险制度的接轨进程。因此，必须加强对劳动就业制度、户籍制度等的改革力度，为城乡社会养老保险制度创造

良好的体制环境。城乡劳动力就业机会均等、公平竞争的就业环境，是城乡社会养老保险制度衔接与转化的真正动力；继续放开城乡户口的限制和束缚，实行户口属地管理原则，促进劳动力的流动和保险关系的转移；将现行城镇的社会福利制度向农村延伸，形成城乡一体的社会福利制度体系，使流向城镇的农村劳动力除了养老保险关系与城镇衔接外，也能同时享受城镇的其他福利待遇。

（四）加强研究，科学计算政府责任和财政负担能力

要根据当前各地经济发展水平、地方财政状况、经济发展趋势等综合因素测算政府财政的投入能力；在设计城乡制度衔接与转化方案，尤其是对新农保制度的创新和城保制度的完善时，要立足于较高的精算技术。同时，二者衔接与转化的折算办法要规范、科学，尽可能地消除各个环节的计算和精算误差；要根据人口发展、劳动力转移和城镇化率等综合因素，计算财政最终可能的兜底责任和承担能力。

（五）加强网络服务平台建设，提高社会保险管理的科学性和统一性

因劳动力的流动是受利益牵动的，所以保险关系的衔接与转移有很大的随意性和跨区域性。这一特点，不但要求现有的“城保”和“农保”规范、科学，而且要开放业务、统一管理。目前除了加强各地“城保”制度的完善外，也要加强与兄弟城市的沟通与合作，为保险关系的衔接与转移提供方便；在农村地区，还要尽快加强“农保”制度的创新与建设，为劳动力逆转保险关系和续保工作提供条件；同时各地劳动和社会保障部门，应尽可能地简化手续、敞开渠道，促进保险关系的衔接与转移。除此之外，要加强各地社会保险信息服务设施的软硬件平台建设和网络化管理，提高管理效率，增强准确性；有条件的地方，最好与各地社会保险的开户行建立网络关系，为参保对象建立社会保障卡，实现动态迁转，减少人工程序，节约成本。

（六）工作要循序渐进，逐步推进城乡基本养老保险制度的一体化

社会养老保险的城乡衔接与转化是一项十分漫长而又艰巨的任务，

工作的开展必须循序渐进，先从有条件的地方试行，然后逐渐面向全国推广。首先，农保工作的开展不可急于求成，要遵循经济发展规律和人的认识规律，在有条件的地方和认识程度较高的人群中先行推行和实施，然后陆续带动那些符合条件和有能力的人参加；其次，城保虽然待遇水平较高，但与之相伴的是缴费水平也较高，从而使许多农村参保者对与城市基本养老保险衔接可能会抱消极和观望态度；最后，目前也有相当部分居民，要么受经济条件的限制，要么对养老保险的跨时消费没有足够的认识，无论所缴纳的保险费高与低，对参加基本养老保险都始终不感兴趣。

（七）借鉴全国社保经验，优化城乡养老基金运营模式

在资金的运营方面，目前依靠银行存款和购买国债的方式很难实现保值增值。依照国际经验，应将社保基金交由专业的投资管理人投资运营而非政府机构独家经营管理。全国社会保障基金的运营模式对城乡养老保险基金就是一个很好的借鉴。在保证基金安全性和流动性的前提下汇拢各县的积累基金，借鉴全国社保基金的成功经验，通过购买国债、特种定向债券、企业债券等投资渠道获取较高收益的同时可以适当增加股市投资，如把投资股市的基金控制在15%—20%以内，在确保其安全性的前提下实现增值；设立专门的监管机构，负责对基金有效运营的监督以及对社保市场的调控，保证社保基金运营的公开透明及科学有效性。

主要参考文献

1. 郑功成:《农民工权益与社会保障》,《中国党政干部论坛》2002 年第 8 期。
2. 郑功成:《中国社会保障改革与发展战略——理念、目标与行动方案》,人民出版社 2008 年版。
3. 刘书鹤:《农村社会保障的若干问题》,《人口研究》2001 年第 5 期。
4. 王国军:《农村社会养老保险制度的经济可行性探讨》,《首都经济贸易大学学报》2002 年第 4 期。
5. 何文炯、金皓、尹海鹏:《农村社会养老保险:进与退》,《浙江大学学报》(人文社会科学版)2001 年第 3 期。
6. 梁鸿:《试论中国农村社会保障及其特殊性》,《复旦学报》(社会科学版)1999 年第 5 期。
7. 卢海元:《走进城市:农民工的社会保障》,经济管理出版社 2004 年版。
8. 卢海元:《中国农村社会养老保险制度建立条件分析》,《经济学家》2003 年第 5 期。
9. 邓大松、谢圣远:《农村社会保障制度建设中的政府决策》,《社保财务理论与实践》2006 年第 2 期。
10. 陆解芬:《论政府在农村养老社会保险体系建构中的作用》,《理论探讨》2004 年第 3 期。

11. 李迎生：《论政府在农村社会保障制度建设中的角色》，《社会科学研究》2005 年第 4 期。
12. 赵瑞政、王爱玲、任伶：《中国农民的养老保险之路》，黑龙江人民出版社 2002 年版。
13. 郑功成等：《中国社会保障制度变迁与评估》，中国人民大学出版社 2002 年版。
14. 郑秉文、和春雷主编：《社会保障分析导论》，法律出版社 2001 年版。
15. 陈志国：《发展中国家农村养老保障构架与我国农村养老保险模式选择》，《改革》2005 年第 2 期。
16. 杨翠迎：《中国农村养老保障何去何从？——对农村养老保障现状与问题的思考》，《商业研究》2005 年第 8 期。
17. 袁春瑛、薛兴利、范毅：《现阶段我国农村养老保障的理性选择——家庭养老、土地保障与社会养老相结合》，《农业现代化研究》2002 年第 6 期。
18. 阎昆：《中国养老保障制度研究》，中国社会科学出版社 2000 年版。
19. 卢海元：《实物换保障：农村社会养老保险制度的创新之路》，《湖湘论坛》2003 年第 3 期。
20. 闫艾茹：《对建立农村养老保险制度的思考》，《理论探索》2003 年第 5 期。
21. 孙洁：《城乡统筹：构建农村社会保障体系的支点》，《甘肃理论学刊》2004 年第 2 期。
22. 米红：《农村社会养老保险模式识别方法技术与政策仿真》，华龄出版社 2006 年版。
23. 杨东乐：《论我国农村社会养老保险的互济性》，《黑河学刊》2005 年第 6 期。
24. 高和荣：《中国农村社会养老保险方案难以实施的经济社会学原因

探析》，《吉林师范大学学报》（人文社会科学版）2003 年第 3 期。
25. 赵建国：《农村养老保险制度的反思与创新》，《法学杂志》2004 年第 4 期。
26. 刘贵平：《养老保险的人口学研究》，中国人口出版社 1999 年版。
27. 牟放：《完善我国农村养老保险制度的政策建议》，《中央财经大学学报》2005 年第 5 期。
28. 赵殿国：《农村养老保险的基金管理与风险控制》，《中国劳动保障报》2004 年 9 月 23 日。
29. 罗世瑞：《发展商业人寿保险，解决农民养老问题》，《经济师》2004 年第 1 期。
30. 涂文明：《城市化进程中失地农民社会保障模式的选择和建构》，《理论导刊》2004 年第 12 期。
31. 张时飞、唐钧：《土地换保障，解决失地农民问题的唯一可行之策》，北京劳动保障网（www. bjld. gov. cn），2004 年 9 月 7 日。
32. 楼喻刚、金皓：《城市化进程中土地被征用农民养老保障问题初探》，《西北人口》2002 年第 2 期。
33. 常进雄：《城市化进程中失地农民合理利益保障研究》，《中国软科学》2004 年第 3 期。
34. 党国英：《关于征地制度的思考》，《现代城市研究》2004 年第3 期。
35. 宋斌文、荆玮：《城市化进程中失地农民社会保障问题研究》，《理论探讨》2004 年第 3 期。
36. 成得礼、董克用：《城乡结合部（北京市）“失地农民”劳动力供给的影响因素研究》，《经济科学》2004 年第 4 期。
37. 戴卫东：《农村劳动力转移就业对农村养老保障的双重效应分析》，《中国农村经济》2005 年第 5 期。
38. 李迎生：《探索中国社会保障体系的城乡整合之路》，《浙江学刊》2001 年第 5 期。

39. 曹信邦：《农民工养老社会保险制度研究》，《理论探讨》2005 年第 3 期。
40. 杨立雄：《“进城”，还是“回乡”？——农民工社会保障政策的路径选择》，《湖南师范大学学报》（社会科学版）2004 年第 2 期。
41. 徐赛嫦：《农民工社会养老保险制度探析》，《社会保障制度》（人大复印资料）2003 年第 10 期。
42. 卢海元：《适合农民工特点：建立弹性养老保险制度》，《中国劳动》2005 年第 5 期。
43. 陈颐：《论“以土地换保障”》，《学海》2000 年第 3 期。
44. 于淼：《浙江嘉兴“以土地换保障”的经验及其反思》，《中国农业大学学报》（社会科学版）2006 年第 2 期。
45. 潘岳：《一种新的养老保障模式——住房反抵押贷款》，《市场周刊·理论研究》2006 年第 5 期。
46. 杨翠迎、何文炯：《社会保障水平与经济发展的适应性关系研究》，《公共管理学报》2004 年第 2 期。
47. 蔡社文：《未来 5—10 年我国财政社会保障支出趋势分析》，《宏观经济研究》2002 年第 4 期。
48. 王晓琴：《浙江省社会保障水平与经济发展的适应性研究》，《学术论坛》2008 年第 5 期。
49. 高书生：《关于社会保障的几个认识问题》，《经济学动态》2005 年第 9 期。
50. 董拥军、邱长溶：《中国社会保障支出与经济增长的协整及因果分析》，《生态经济》2007 年第 2 期。
51. 任倩、付彩芳：《国外农村养老保险》，中国社会出版社 2006 年版。
52. 黄爱明：《我国养老保险制度改革：经验与借鉴》，硕士学位论文，厦门大学，2008 年。
53. 颜星、王冬梅：《战后新加坡社会保障制度发展的特点及其对社会经济发展的影响》，《文山师范高等专科学校学报》2004 年第 6 期。

54. 殷俊、李媛媛：《基于资本资产定价模型的全国社会保障基金投资组合研究》，《理论与改革》2013 年第 8 期。

55. 吴龙：《农村养老保险参与模式及多元化参与机制研究》，硕士学位论文，浙江师范大学，2010 年。

56. 夏鲁青：《城镇居民社会养老保险与新农保差异》，http：//www. iqilu. com/html/zdys/news/2011/1111/598721. html，2011-11-11。

57. 刘书鹤：《要以改革的精神推行农村社会养老保险》，《人口与经济》1999 年第 1 期。

58. 《中国农村养老保险红利递减或因政策和资金缺失》，http：//news. china. com/domestic/945/20130527/17854964. html，2013 - 05 - 27。

59. 申小菊：《我国养老基金个人账户的管理选择》，《企业改革与管理》2005 年第 7 期。

60. 李东：《农村社会养老保险责任金与调剂金会计核算方法探讨》，《财会研究》2006 年第 3 期。

61. 殷俊、李媛媛：《基于资本资产定价模型的全国社会保障基金投资组合研究》，《理论与改革》2013 年第 8 期。

62. 夏伟杰、方梦媛、吴芳芳：《欠发达地区新农保制度改革的政策效应与可持续发展研究——以浙江省龙游县为例》，《中国市场》2012 年第6 期。

63. 风笑天：《下岗职工的社会资本、人力资本与其再就业机会获得的关系》，《理论月刊》1998 年第 8 期。

64. Lopato-J，What Do Farmers Thank about Retirement and Pension，Wies -Wspolczesnal（Poland），1987. 31：104-110.

65. Wijeratne；Abeysekara（WAT：Diffusion trends of institutional innovations：farmer′s pension and social security benefit scheme of Sri Lanka，

Journal of Extension systems (Sri lanka), Aug. 1992.
66. 杨翠迎:《农村基本养老保险制度理论与政策研究》，浙江大学出版社2007年版。
67. 杨燕绥:《中国社会保障体系的结构分析》，《北京市计划劳动管理干部学院学报》1999年第4期。
68. 国务院发展研究中心社会保障课题组:《分离体制转轨成本，建立可持续发展制度——世纪之交的中国养老保障制度改革研究报告》，《管理世界》2000年第6期。
69. 郑秉文:《新中国60年社会保障制度回顾》，《当代中国史研究》2010年第2期。
70. 米红、项杰雯:《"有限财政"下的农保制度及仿真研究》，《中国社会保障》2008年第10期。
71. 米红、王丽郦:《从覆盖到衔接:论中国和谐社会保障体系"三步走"战略》，《劳动保障世界》(理论版)2010年第1期。
72. 邓大松、薛惠元:《新型农村社会养老保险替代率的测算与分析》，《山西财经大学学报》2010年第4期。
73. 李迎生:《市场转型期的农村社会保障制度建设:进展与偏差》，《华东理工大学学报》2005年第2期。
74. 郑秉文:《中国社会保障制度60年:成就与教训》，《中国人口科学》2009年第5期。
75. 劳动和社会保障部社会保险基金监督司编:《社会保障基金监管法规文件汇编》，中国劳动社会保障出版社2002年版。
76. 劳动和社会保障部社会保险基金监督司编:《社会保障基金监管法规文件汇编(续一)》，中国劳动社会保障出版社2007年版。
77. 中华人民共和国人力资源和社会保障部官方网站——人力资源和社会保障政策法规库，http://www.mohrss.gov.cn/index.html。
78. 姚先国:《中国劳资关系的城乡户籍差异》，《经济研究》2004年第

7 期。

79. 赵薇：《劳资关系系统模型及其在我国的适用性》，《管理世界》2002 年第 2 期。

80. Darek CBok，John TDunlop，Labor and the American community. New-York：Simon and Schuster，1970.

81. 赵薇：《西方劳资关系理论、实践及借鉴意义》，《生产力研究》2007 年第 5 期。

82. 李向民、任宇石：《FDI 自由流动条件下的劳资关系冲突与战略分析》，《世界经济与政治论坛》2007 年第 1 期。

附　录

附表 1　　　　宁夏回族自治区乡村生命表（男女性混合）

年龄区间	死亡概率	生存人数	死亡人数	生存人年数	累计生存人年数	平均期望寿命
X	Qx	Lx	Dx	nLx	Tx	Ex
0	0.02823	100000	2823	98588	7107825	71.07825
1	0.00340	97177	331	97011	7009236	72.12880
2	0.00273	96846	264	96714	6912225	71.37345
3	0.00206	96582	199	96482	6815511	70.56720
4	0.00149	96383	143	96311	6719029	69.71173
5	0.00121	96240	117	96182	6622717	68.81473
6	0.00099	96123	95	96076	6526536	67.89758
7	0.00083	96028	80	95989	6430460	66.96408
8	0.00067	95949	64	95917	6334471	66.01922
9	0.00066	95885	64	95853	6238554	65.06305
10	0.00071	95821	68	95787	6142701	64.10599
11	0.00041	95753	39	95733	6046915	63.15144
12	0.00057	95714	55	95687	5951181	62.17684
13	0.00052	95659	50	95634	5855495	61.21199
14	0.00064	95609	61	95579	5759860	60.24364
15	0.00044	95549	42	95527	5664281	59.28161
16	0.00134	95506	128	95442	5568754	58.30775
17	0.00096	95378	91	95332	5473312	57.38545
18	0.00143	95287	136	95219	5377979	56.44003

续表

年龄区间	死亡概率	生存人数	死亡人数	生存人年数	累计生存人年数	平均期望寿命
X	Qx	Lx	Dx	nLx	Tx	Ex
19	0. 00123	95150	117	95092	5282761	55. 52008
20	0. 00152	95033	144	94961	5187669	54. 58786
21	0. 00126	94889	119	94830	5092708	53. 66993
22	0. 00167	94770	159	94691	4997878	52. 73680
23	0. 00120	94612	114	94555	4903187	51. 82439
24	0. 00166	94498	157	94419	4808632	50. 88610
25	0. 00138	94341	130	94276	4714213	49. 97011
26	0. 00156	94211	147	94137	4619937	49. 03837
27	0. 00141	94063	133	93997	4525800	48. 11437
28	0. 00144	93931	135	93863	4431803	47. 18170
29	0. 00151	93795	142	93724	4337940	46. 24902
30	0. 00203	93653	190	93558	4244216	45. 31842
31	0. 00142	93463	133	93396	4150658	44. 40971
32	0. 00177	93330	166	93247	4057262	43. 47223
33	0. 00104	93164	97	93116	3964014	42. 54859
34	0. 00181	93067	169	92983	3870899	41. 59254
35	0. 00186	92898	173	92812	3777916	40. 66725
36	0. 00193	92725	179	92636	3685104	39. 74217
37	0. 00189	92547	174	92459	3592468	38. 81792
38	0. 00183	92372	169	92288	3500009	37. 89029
39	0. 00110	92203	102	92152	3407721	36. 95881
40	0. 00165	92101	152	92026	3315569	35. 99910
41	0. 00148	91950	136	91882	3223543	35. 05760
42	0. 00330	91813	303	91662	3131661	34. 10896
43	0. 00271	91511	248	91387	3039999	33. 22019
44	0. 00317	91262	289	91118	2948613	32. 30915
45	0. 00254	90974	231	90858	2857495	31. 41015
46	0. 00267	90743	242	90622	2766637	30. 48887
47	0. 00323	90501	293	90354	2676015	29. 56903
48	0. 00373	90208	336	90040	2585661	28. 66337

续表

年龄区间	死亡概率	生存人数	死亡人数	生存人年数	累计生存人年数	平均期望寿命
X	Qx	Lx	Dx	nLx	Tx	Ex
49	0.00354	89872	318	89713	2495621	27.76868
50	0.00500	89554	448	89330	2405908	26.86555
51	0.00418	89106	372	88920	2316579	25.99802
52	0.00565	88734	501	88483	2227659	25.10503
53	0.00457	88232	403	88031	2139176	24.24482
54	0.00626	87829	550	87554	2051145	23.35379
55	0.00608	87279	530	87014	1963591	22.49778
56	0.00713	86749	619	86440	1876577	21.63224
57	0.00767	86130	660	85800	1790137	20.78410
58	0.00953	85470	814	85063	1704337	19.94078
59	0.00909	84656	769	84271	1619274	19.12777
60	0.01293	83886	1084	83344	1535003	18.29858
61	0.00981	82802	812	82396	1451659	17.53167
62	0.01456	81990	1194	81393	1369263	16.70041
63	0.01459	80796	1179	80206	1287870	15.93980
64	0.01700	79617	1353	78940	1207664	15.16844
65	0.02122	78263	1661	77433	1128724	14.42210
66	0.02064	76602	1581	75812	1051291	13.72398
67	0.02491	75021	1869	74087	975479	13.00267
68	0.02937	73152	2149	72078	901392	12.32212
69	0.02910	71004	2066	69971	829314	11.67986
70	0.03807	68937	2625	67625	759343	11.01498
71	0.03092	66313	2051	65287	691718	10.43115
72	0.05158	64262	3314	62605	626431	9.74804
73	0.05824	60948	3550	59173	563826	9.25097
74	0.06413	57398	3681	55558	504653	8.79215
75	0.06809	53717	3658	51889	449095	8.36032
76	0.06648	50060	3328	48396	397206	7.93466
77	0.07402	46732	3459	45002	348811	7.46413
78	0.08870	43273	3838	41353	303809	7.02080

续表

年龄区间	死亡概率	生存人数	死亡人数	生存人年数	累计生存人年数	平均期望寿命
X	Qx	Lx	Dx	nLx	Tx	Ex
79	0. 07298	39434	2878	37995	262455	6. 65553
80	0. 11364	36556	4154	34479	224460	6. 14013
81	0. 09453	32402	3063	30871	189981	5. 86322
82	0. 13249	29339	3887	27395	159110	5. 42317
83	0. 13642	25452	3472	23716	131715	5. 17504
84	0. 16372	21980	3599	20181	107999	4. 91354
85	0. 13978	18381	2569	17097	87818	4. 77760
86	0. 13974	15812	2210	14707	70722	4. 47271
87	0. 15445	13602	2101	12552	56015	4. 11804
88	0. 20242	11501	2328	10337	43463	3. 77895
89	0. 17521	9173	1607	8370	33126	3. 61114
90	0. 21097	7566	1596	6768	24756	3. 27205
91	0. 12723	5970	760	5590	17988	3. 01322
92	0. 22296	5210	1162	4629	12398	2. 37959
93	0. 19101	4049	773	3662	7769	1. 91891
94	0. 24607	3275	806	2872	4107	1. 25393
95 及 95+	1. 00000	2469	2469	1235	1235	0. 50000

附表 2　　宁夏回族自治区农村生命表（男性）

年龄区间	死亡概率	生存人数	死亡人数	生存人年数	累计生存人年数	平均期望寿命
X	Qx	Lx	Dx	nLx	Tx	Ex
0	0. 02864	100000	2864	98568	6982851	69. 82851
1	0. 00319	97136	310	96980	6884283	70. 87293
2	0. 00280	96825	272	96690	6787303	70. 09844
3	0. 00208	96554	201	96453	6690613	69. 29416
4	0. 00120	96353	116	96295	6594160	68. 43737
5	0. 00141	96238	136	96170	6497864	67. 51899
6	0. 00108	96102	104	96050	6401695	66. 61360
7	0. 00107	95998	102	95947	6305644	65. 68490

续表

年龄区间	死亡概率	生存人数	死亡人数	生存人年数	累计生存人年数	平均期望寿命
X	Qx	Lx	Dx	nLx	Tx	Ex
8	0.00083	95896	79	95857	6209697	64.75439
9	0.00086	95817	83	95776	6113841	63.80748
10	0.00087	95734	84	95692	6018065	62.86227
11	0.00048	95650	46	95628	5922373	61.91681
12	0.00057	95605	54	95578	5826745	60.94611
13	0.00054	95551	52	95525	5731167	59.98037
14	0.00077	95499	74	95462	5635643	59.01274
15	0.00051	95425	49	95401	5540181	58.05800
16	0.00169	95376	161	95296	5444780	57.08741
17	0.00105	95215	100	95165	5349484	56.18297
18	0.00189	95116	180	95026	5254319	55.24140
19	0.00162	94936	153	94859	5159293	54.34514
20	0.00184	94782	175	94695	5064434	53.43231
21	0.00164	94607	155	94530	4969739	52.53012
22	0.00209	94452	197	94353	4875210	51.61575
23	0.00145	94255	136	94186	4780856	50.72281
24	0.00197	94118	185	94026	4686670	49.79554
25	0.00144	93933	136	93865	4592644	48.89268
26	0.00167	93798	156	93719	4498779	47.96260
27	0.00158	93641	148	93567	4405059	47.04191
28	0.00187	93493	174	93406	4311492	46.11547
29	0.00203	93319	189	93224	4218086	45.20075
30	0.00261	93129	243	93008	4124862	44.29169
31	0.00181	92886	169	92802	4031854	43.40632
32	0.00227	92718	211	92612	3939052	42.48433
33	0.00134	92507	124	92445	3846440	41.58004
34	0.00226	92383	208	92279	3753995	40.63507
35	0.00257	92175	237	92056	3661716	39.72585
36	0.00229	91937	210	91832	3569660	38.82705
37	0.00236	91727	216	91619	3477827	37.91493

续表

年龄区间	死亡概率	生存人数	死亡人数	生存人年数	累计生存人年数	平均期望寿命
X	Qx	Lx	Dx	nLx	Tx	Ex
38	0.00223	91511	204	91409	3386208	37.00340
39	0.00131	91307	120	91247	3294800	36.08484
40	0.00208	91187	190	91092	3203552	35.13158
41	0.00179	90997	163	90916	3112460	34.20390
42	0.00410	90834	372	90648	3021545	33.26443
43	0.00357	90462	323	90300	2930897	32.39925
44	0.00370	90139	334	89972	2840596	31.51347
45	0.00315	89806	283	89664	2750624	30.62865
46	0.00343	89523	307	89370	2660959	29.72374
47	0.00404	89216	360	89036	2571590	28.82418
48	0.00443	88856	393	88660	2482553	27.93895
49	0.00437	88463	386	88270	2393894	27.06100
50	0.00545	88076	480	87836	2305624	26.17752
51	0.00495	87596	434	87379	2217788	25.31826
52	0.00653	87162	569	86878	2130408	24.44182
53	0.00473	86593	409	86388	2043530	23.59925
54	0.00688	86184	593	85887	1957142	22.70898
55	0.00674	85591	577	85302	1871255	21.86276
56	0.00845	85014	718	84655	1785952	21.00777
57	0.00859	84296	724	83934	1701298	20.18246
58	0.01126	83571	941	83101	1617364	19.35307
59	0.01070	82630	884	82188	1534263	18.56778
60	0.01521	81746	1243	81124	1452075	17.76324
61	0.01084	80503	873	80066	1370950	17.02986
62	0.01726	79630	1374	78943	1290884	16.21101
63	0.01629	78256	1274	77618	1211941	15.48693
64	0.01953	76981	1504	76229	1134323	14.73505
65	0.02519	75478	1901	74527	1058093	14.01865
66	0.02435	73576	1791	72681	983566	13.36798
67	0.02650	71785	1902	70834	910886	12.68909

续表

年龄区间	死亡概率	生存人数	死亡人数	生存人年数	累计生存人年数	平均期望寿命
X	Qx	Lx	Dx	nLx	Tx	Ex
68	0. 03174	69883	2218	68773	840052	12. 02090
69	0. 03070	67664	2077	66626	771278	11. 39861
70	0. 04150	65587	2722	64226	704653	10. 74375
71	0. 03563	62866	2240	61746	640426	10. 18723
72	0. 05304	60626	3216	59018	578681	9. 54510
73	0. 05790	57410	3324	55748	519662	9. 05173
74	0. 06861	54086	3711	52231	463914	8. 57730
75	0. 06669	50376	3360	48696	411683	8. 17227
76	0. 06948	47016	3267	45383	362987	7. 72052
77	0. 07633	43749	3339	42079	317605	7. 25969
78	0. 09333	40410	3771	38524	275526	6. 81831
79	0. 06681	36638	2448	35414	237002	6. 46869
80	0. 12175	34190	4163	32109	201587	5. 89602
81	0. 10580	30028	3177	28439	169478	5. 64409
82	0. 13916	26851	3737	24982	141039	5. 25271
83	0. 14076	23114	3254	21487	116057	5. 02101
84	0. 17376	19861	3451	18135	94569	4. 76165
85	0. 14119	16410	2317	15251	76434	4. 65789
86	0. 15130	14093	2132	13027	61183	4. 34148
87	0. 15464	11960	1850	11036	48156	4. 02630
88	0. 22161	10111	2241	8991	37121	3. 67136
89	0. 16849	7870	1326	7207	28130	3. 57423
90	0. 22081	6544	1445	5822	20923	3. 19716
91	0. 16589	5099	846	4676	15101	2. 96149
92	0. 23348	4253	993	3757	10425	2. 45105
93	0. 13968	3260	455	3033	6668	2. 04532
94	0. 20378	2805	572	2519	3636	1. 29622
95 及 95+	1. 00000	2233	2233	1117	1117	0. 50000

附表 3　　宁夏回族自治区农村生命表（女性）

年龄区间	死亡概率	生存人数	死亡人数	生存人年数	累计生存人年数	平均期望寿命
X	Qx	Lx	Dx	nLx	Tx	ex
0	0. 02778	100000	2778	98611	7245825	72. 45825
1	0. 00364	97222	353	97045	7147214	73. 51439
2	0. 00264	96868	256	96741	7050168	72. 78083
3	0. 00204	96613	197	96514	6953428	71. 97218
4	0. 00180	96416	173	96329	6856913	71. 11814
5	0. 00100	96243	96	96195	6760584	70. 24524
6	0. 00089	96147	85	96104	6664390	69. 31485
7	0. 00058	96061	56	96034	6568286	68. 37597
8	0. 00050	96006	48	95982	6472252	67. 41525
9	0. 00045	95958	43	95936	6376270	66. 44882
10	0. 00054	95914	52	95888	6280334	65. 47855
11	0. 00033	95862	32	95846	6184446	64. 51392
12	0. 00057	95831	55	95803	6088600	63. 53501
13	0. 00050	95776	48	95752	5992797	62. 57115
14	0. 00049	95728	47	95705	5897045	61. 60201
15	0. 00038	95681	36	95663	5801340	60. 63202
16	0. 00098	95645	94	95598	5705677	59. 65459
17	0. 00086	95551	83	95510	5610079	58. 71274
18	0. 00095	95469	90	95424	5514569	57. 76308
19	0. 00083	95378	79	95339	5419145	56. 81728
20	0. 00119	95299	113	95242	5323806	55. 86422
21	0. 00088	95186	84	95144	5228564	54. 93012
22	0. 00127	95102	121	95042	5133420	53. 97791
23	0. 00096	94982	91	94936	5038378	53. 04579
24	0. 00135	94891	128	94827	4943442	52. 09614
25	0. 00131	94763	124	94700	4848615	51. 16594
26	0. 00145	94638	138	94570	4753915	50. 23240
27	0. 00124	94501	117	94442	4659345	49. 30478
28	0. 00099	94384	94	94337	4564902	48. 36524
29	0. 00098	94290	92	94244	4470565	47. 41283

续表

年龄区间 X	死亡概率 Qx	生存人数 Lx	死亡人数 Dx	生存人年数 nLx	累计生存人年数 Tx	平均期望寿命 ex
30	0. 00143	94198	135	94131	4376321	46. 45876
31	0. 00102	94063	96	94015	4282191	45. 52465
32	0. 00126	93967	118	93908	4188176	44. 57056
33	0. 00074	93849	69	93814	4094267	43. 62611
34	0. 00137	93780	128	93715	4000453	42. 65806
35	0. 00113	93651	106	93599	3906738	41. 71576
36	0. 00154	93546	144	93474	3813139	40. 76230
37	0. 00139	93401	130	93337	3719666	39. 82449
38	0. 00142	93272	132	93206	3626329	38. 87912
39	0. 00089	93140	83	93098	3533123	37. 93356
40	0. 00118	93057	110	93002	3440025	36. 96686
41	0. 00115	92947	107	92894	3347023	36. 00993
42	0. 00242	92840	225	92728	3254129	35. 05080
43	0. 00179	92616	166	92533	3161401	34. 13463
44	0. 00262	92450	242	92329	3068868	33. 19492
45	0. 00192	92208	177	92119	2976539	32. 28075
46	0. 00188	92031	173	91944	2884420	31. 34183
47	0. 00240	91858	221	91747	2792475	30. 40002
48	0. 00298	91637	273	91500	2700728	29. 47209
49	0. 00268	91364	245	91241	2609228	28. 55874
50	0. 00454	91119	413	90912	2517987	27. 63420
51	0. 00336	90705	305	90553	2427075	26. 75787
52	0. 00470	90400	425	90188	2336522	25. 84637
53	0. 00440	89976	396	89778	2246334	24. 96598
54	0. 00566	89580	507	89326	2156557	24. 07420
55	0. 00543	89073	484	88831	2067230	23. 20839
56	0. 00578	88588	512	88332	1978400	22. 33248
57	0. 00666	88076	587	87783	1890068	21. 45945
58	0. 00768	87489	672	87153	1802285	20. 60004
59	0. 00736	86818	639	86498	1715131	19. 75557

续表

年龄区间	死亡概率	生存人数	死亡人数	生存人年数	累计生存人年数	平均期望寿命
X	Qx	Lx	Dx	nLx	Tx	ex
60	0. 01050	86178	905	85726	1628633	18. 89844
61	0. 00873	85274	745	84901	1542908	18. 09362
62	0. 01176	84529	994	84032	1458006	17. 24864
63	0. 01282	83535	1071	83000	1373974	16. 44788
64	0. 01436	82464	1184	81873	1290975	15. 65492
65	0. 01717	81281	1395	80583	1209102	14. 87565
66	0. 01687	79885	1348	79211	1128519	14. 12675
67	0. 02326	78537	1827	77624	1049308	13. 36063
68	0. 02689	76710	2063	75679	971684	12. 66692
69	0. 02743	74647	2047	73624	896005	12. 00319
70	0. 03436	72600	2495	71353	822382	11. 32757
71	0. 02568	70106	1800	69205	751029	10. 71283
72	0. 04989	68305	3408	66601	681824	9. 98203
73	0. 05862	64898	3804	62995	615222	9. 47990
74	0. 05911	61093	3611	59287	552227	9. 03911
75	0. 06965	57482	4004	55480	492940	8. 57560
76	0. 06318	53478	3379	51789	437460	8. 18019
77	0. 07153	50099	3583	48307	385671	7. 69816
78	0. 08361	46516	3889	44571	337364	7. 25269
79	0. 07976	42626	3400	40926	292793	6. 86882
80	0. 10530	39227	4131	37161	251866	6. 42082
81	0. 08294	35096	2911	33641	214705	6. 11767
82	0. 12506	32185	4025	30173	181065	5. 62571
83	0. 13127	28160	3697	26312	150892	5. 35833
84	0. 15204	24464	3720	22604	124580	5. 09247
85	0. 13825	20744	2868	19310	101976	4. 91593
86	0. 12638	17876	2259	16747	82666	4. 62436
87	0. 15425	15617	2409	14413	65919	4. 22101
88	0. 17932	13208	2368	12024	51507	3. 89967
89	0. 18297	10840	1983	9848	39483	3. 64249

续表

年龄区间	死亡概率	生存人数	死亡人数	生存人年数	累计生存人年数	平均期望寿命
X	Qx	Lx	Dx	nLx	Tx	ex
90	0. 19990	8856	1770	7971	29635	3. 34624
91	0. 08397	7086	595	6788	21664	3. 05735
92	0. 21074	6491	1368	5807	14876	2. 29178
93	0. 24852	5123	1273	4486	9069	1. 77020
94	0. 30974	3850	1192	3254	4582	1. 19026
95 及 95+	1. 00000	2657	2657	1329	1329	0. 50000

年龄	男性	女性	混合
55	21. 86276	23. 20839	22. 49778
56	21. 00777	22. 33248	21. 63224
57	20. 18246	21. 45945	20. 78410
58	19. 35307	20. 60004	19. 94078
59	18. 56778	19. 75557	19. 12777
60	17. 76324	18. 89844	18. 29858
61	17. 02986	18. 09362	17. 53167
62	16. 21101	17. 24864	16. 70041
63	15. 48693	16. 44788	15. 93980
64	14. 73505	15. 65492	15. 16844
65	14. 01865	14. 87565	14. 42210

附表 4　　　　宁夏回族自治区乡村人口预测（封闭）

年份	男性	女性	总人口	年份	男性	女性	总人口
2008	2095792	2002982	4098775	2033	2701125	2582732	5283857
2009	2123804	2029965	4153768	2034	2719516	2600311	5319827
2010	2152221	2057263	4209484	2035	2737286	2617293	5354579
2011	2180841	2084767	4265608	2036	2754306	2633453	5387759
2012	2209367	2112185	4321552	2037	2770499	2648848	5419348
2013	2237433	2139148	4376581	2038	2785888	2663327	5449215

续表

年份	男性	女性	总人口	年份	男性	女性	总人口
2014	2265015	2165623	4430638	2039	2800353	2676958	5477311
2015	2292086	2191657	4483744	2040	2814085	2689732	5503817
2016	2318706	2217195	4535902	2041	2826944	2701694	5528638
2017	2345016	2242476	4587492	2042	2839514	2713168	5552681
2018	2370721	2267121	4637841	2043	2851188	2723747	5574934
2019	2395941	2291314	4687255	2044	2862497	2733941	5596438
2020	2420661	2314946	4735606	2045	2872986	2743413	5616398
2021	2444827	2338128	4782956	2046	2883028	2752263	5635291
2022	2468715	2361037	4829752	2047	2892526	2760692	5653219
2023	2491939	2383285	4875224	2048	2901695	2768597	5670292
2024	2514894	2405214	4920107	2049	2910684	2776338	5687022
2025	2537284	2426620	4963904	2050	2919720	2783978	5703698
2026	2559215	2447526	5006741	2051	2928205	2791126	5719331
2027	2580910	2468234	5049144	2052	2936845	2798309	5735154
2028	2602114	2488422	5090536	2053	2944994	2805030	5750024
2029	2622885	2508264	5131149	2054	2953191	2811815	5765007
2030	2643238	2527577	5170815	2055	2961166	2818409	5779575
2031	2662974	2546378	5209352	2056	2968975	2824610	5793585
2032	2682365	2564837	5247202				

后　记

这本书里所汇集的，既是我所主持的教育部人文社科基金项目的总结，也是我多年来在社会保障领域研究成果的提炼。

我是幸运的。有幸在中央民族大学施正一教授、浙江大学米红教授、上海财经大学杨翠迎教授等专家的指导与护佑下进步，有幸在中国计量学院这个平台上成长，有幸与众多善良、正直、靠谱的同事、朋友和亲人为伍。

我还要特别感谢在项目调研、资料收集和数据分析过程中付出艰辛劳动的方锐帆和江畅同学，感谢为调研提供多种方便的宁夏、浙江等地的领导和朋友，感谢浙江省人文社科基地“管理科学与工程”、浙江省哲社重点研究基地“产业发展政策研究中心”、浙江省标准化与知识产权管理协同创新中心、教育部社科重大项目“社会养老服务体系建设研究（12JZD035）”为本书的出版给予的资助。

最后，我要将此书献给我的家人，正是他们的默默奉献、守护与支持，才使我不畏艰难，继续求索。